Debbie Brown

BABY cakes

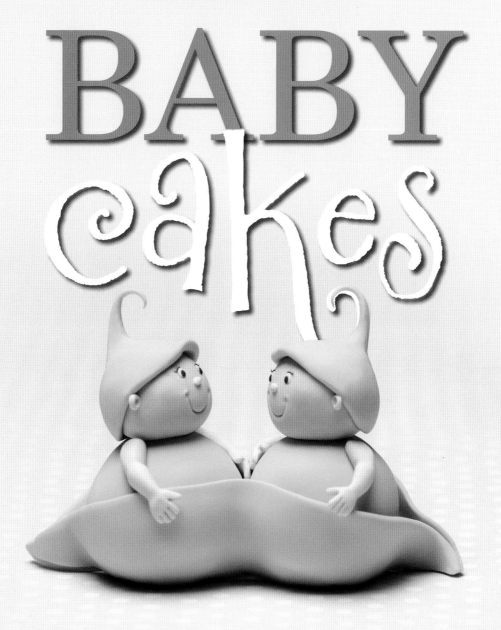

tartas adorables para bautizos,
cumpleaños y baby showers

Dedicatoria

Para Hannah

He escrito este libro para ti, aunque seguramente no te resultará interesante hasta que un día, cuando seas más mayor, revises las fotos de tus maravillosas tartas de cumpleaños y veas a tu abuela en el fondo, observándote con orgullo. Quizás un día, cuando ya seas una encantadora jovencita, decidas coger este libro de la estantería y, tras desempolvarlo, te pongas a echar un vistazo a cada uno de estos proyectos que diseñé pensando en ti.

Primera edición, Septiembre de 2011.
Editado por B. Dutton Publishing Limited,
The Grange, Hones Yard, Farnham, Surrey,
GU9 8BB.
Copyright: Debra Brown 2011
ISBN-13: 978-1-905113-43-9
Todos los derechos reservados.
Primera edición en español publicada en septiembre de 2013.

Editora Responsable: Beverley Dutton
Editora de Contenido: Jenny Stewart
Directora Artística/Diseñadora: Sarah Ryan
Directora adjunta: Jenny Royle
Diseñadora: Zena Deakin
Subdirectora/Diseñadora gráfica: Louise Pepé
Diseñadora gráfica: Abbie Johnston
Asistentes Editorial: Frankie New y Adele Duthie
Relaciones Públicas y responsable de Comunicación: Natalie Bull
Fotógrafo: Alister Thorpe

Edición española
Traductores: Virginia Churruca y Adrián Lago
Correctora: Noelia Martínez
Impreso en China

Aviso:
El autor y editor responsable han hecho todos los esfuerzos para asegurar que el contenido de este libro, si es seguido al pie de la letra, no cause ningún daño o lesión, ni suponga ningún peligro. En algunas de las recetas se han utilizado elementos no comestibles, como por ejemplo palillos de piruletas y columnas de sujeción. Todos los elementos no comestibles deben ser retirados de las tartas antes de su consumo. Igualmente, ningún elemento considerado no apto para uso alimentario debe entrar en contacto con alimento alguno. Tanto el autor como el editor no pueden ser considerados responsables por cualquier error u omisión y no aceptarán responsabilidad en caso de lesión, daño o perjuicio a personas o propiedades que pudieran surgir como resultado de una actuación ocurrida al seguir las informaciones y sugerencias impresas en este libro.

introducción

Han sido muchos los libros que he publicado a lo largo de estos años pero, sin duda alguna, los que contienen diseños para niños son mis preferidos; por esta razón me ha encantado trabajar en este proyecto. ¿Puede existir algo mejor que basar el contenido de un libro en la llegada de un recién nacido o en niños y todas sus celebraciones especiales?

He disfrutado enormemente soñando con los diseños de estas tartas. Por mi cabeza han pasado muchas ideas llenas de colores vivos aunque, llegado el momento de hacerlas realidad, he elegido tonos pastel suaves, principalmente los azules, rosas y amarillos que suelen asociarse con bebés. Cualquiera de los diseños puede confeccionarse con tonos más intensos. De hecho, a lo largo del libro ofrezco alternativas que muestran lo que se puede hacer con cada proyecto cambiando simplemente algún detalle.

Que las cosas no parezcan difíciles siempre ha sido una de mis preocupaciones. Seguramente, incluso con los libros más sencillos ha habido algún lector que, después de echarle un vistazo, ha vuelto a depositar el ejemplar en la estantería de la tienda creyendo que nunca podría llegar a confeccionar alguna de estas tartas. Pero que no cunda el pánico; que nadie piense que es incapaz de hacer una tarta de la que se pueda sentir orgulloso. Prometo que es posible.

Aunque hubiera podido doblar el contenido del libro, había que ponerle punto final. En cualquier caso, me he asegurado de que cada trabajo esté al alcance de todo el mundo, incluso de lectores principiantes. A lo largo de mis años como profesora, he comprobado que no tener experiencia no es un impedimento aunque, por supuesto, la práctica ayuda mucho. Las habilidades de cada uno siempre salen a la luz y se reflejan en el resultado final.

Siguiendo las instrucciones, las fotos y el paso a paso de cada proyecto, terminarás teniendo ante ti un trabajo del que podrás sentirte muy orgulloso.

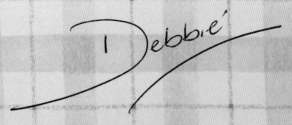

Agradecimientos

Siempre tengo que dar las gracias a mi familia antes que a nadie por su paciencia y comprensión, por sufrir los largos días y noches de trabajo y sobre todo, por animarme y apoyarme sin límites.

Gracias a Alister Thorpe por las preciosas fotografías de este libro. Aunque la cámara nunca miente, hay que tener la habilidad de sacar siempre el mejor partido de lo que uno ve.

Cada vez que he escrito un libro en colaboración con B. Dutton Publishing he tenido la suerte de poder trabajar con Jenny Stewart y Sarah Ryan. Quiero agradecerles su talento, su entusiasmo y en este caso, también su comprensión y paciencia.

contenido

recetas, tablas de ingredientes y tiempos de horneado

Bizcochos

Bizcocho Esponjoso de Mantequilla

Nada sabe mejor que un bizcocho esponjoso de mantequilla. Además, existe la posibilidad de complementarlo con una gran cantidad de sabores y rellenos diferentes. Esta receta contiene un poco más de harina de lo habitual para conseguir un bizcocho más firme y por lo tanto, facilitar el trabajo a la hora de tallarlo; al incorporar yogur entero a la receta, la miga del bizcocho queda más húmeda y esponjosa.

1 Precalienta el horno a 150°C. Engrasa y forra el molde con papel para hornear.

2 Tamiza la harina con la levadura y resérvala en un bol.

3 Ablanda la mantequilla e introdúcela en el bol de la batidora junto con el azúcar. Bate hasta que la mezcla se haya blanqueado y esté esponjosa.

4 Añade los huevos a la mezcla anterior de uno en uno alternando una cucharada de harina entre cada huevo. Mezcla bien después de cada adición.

5 Incorpora el resto de la harina a la mezcla usando una espátula de goma o una cuchara grande.

6 Añade el extracto de vainilla y el yogur entero.

7 Vierte la mezcla en el molde previamente engrasado y forrado con papel de horno. Con la ayuda de la parte trasera de una cuchara, lleva la mezcla hacia los laterales dejando la parte central ligeramente ahuecada. Si se usa más de un molde, hay que asegurarse de que estén todos llenos por la misma medida. Cuando elabores *cupcakes* rellena sólo la mitad o las ¾ partes de cada molde de papel.

8 Hornea el bizcocho en la parte central del horno durante el tiempo recomendado o hasta que introduzcas un palillo en el centro y salga completamente limpio.

9 Una vez horneado, saca el bizcocho y deja que repose durante cinco minutos dentro del molde. Desmóldalo y déjalo enfriar por completo sobre una rejilla. Una vez frío, se puede conservar en un recipiente hermético o envolver con film transparente durante por lo menos ocho horas, permitiendo de esta manera que el bizcocho se asiente y adquiera consistencia.

Variantes para el bizcocho de mantequilla

Bizcocho marmolado de chocolate

Antes de verter la mezcla del bizcocho en el molde, incorpora 200g de chocolate fundido y mezcla hasta conseguir un dibujo marmolado. Si prefieres un bizcocho de chocolate ligero, mezcla el chocolate fundido hasta que esté completamente incorporado a la masa del bizcocho.

Bizcocho marmolado de chocolate y naranja

Procede igual que para el bizcocho marmolado de chocolate e incorpora la ralladura y el zumo de una naranja.

Bizcocho de limón

Añade el zumo y la ralladura de un limón a la receta básica del bizcocho.

Bizcocho de naranja y limón

Añade el zumo y la ralladura de una naranja y la ralladura de un limón.

Bizcocho de café

Añade dos cucharadas soperas de esencia de café a la receta básica del bizcocho.

Bizcocho de almendras

Añade una cucharadita de esencia de almendra y 2 ó 3 cucharadas soperas de almendras en polvo.

Proyecto	Molde	Mantequilla blanda sin sal	Azúcar	Huevos grandes	Harina con levadura	Extracto de vainilla	Yogur natural entero	Tiempo de horneado
20 *Cupcakes*	Cápsulas de papel	225g	225g	4	225g	5ml (1cdta)	15ml (1cda)	20 minutos
Día de Colada	Dos moldes redondos de 15cm de diámetro y uno de 10cm de diámetro	400g	400g	7	510g	5ml (1cdta)	75ml (4cda)	1-1¼ horas
La Llegada de la Cigüeña	Un molde redondo de 20cm de diámetro, uno de 15cm y uno de 10cm	455g	455g	8	565g	5ml (1cdta)	75ml (4cda)	50 minutes - 1¼ horas
Amor de Madre	Un molde redondo de 20cm de diámetro	285g	285g	5	340g	5ml (1cdta)	55ml (3cda)	1¼-1½ horas
Bebés Llorones	Un molde redondo de 20cm de diámetro y uno de 10cm	340g	340g	6	430g	5ml (1cdta)	55ml (3cda)	50 minutes - 1¼ horas
Bebé en una vaina	Dos moldes semiesféricos de 15cm de diámetro	340g	340g	6	430g	5ml (1cdta)	55ml (3cda)	1-1¼ horas
Caja de Juguetes	Dos moldes cuadrados de 15cm	340g	340g	6	430g	5ml (1cdta)	55ml (3cda)	1-1¼ horas
Ositos de Peluche	Dos boles semiesféricos de 15cm de diámetro, dos de 10cm y dos de 7cm	455g	455g	8	565g	5ml (1cdta)	75ml (4cda)	1-1¼ horas
Castillos de cuento (azul)	Un molde cuadrado de 15cm y uno redondo de 10cm de diámetro	340g	340g	6	430g	5ml (1cdta)	55ml (3cda)	1-1¼ horas
Castillos de cuento (rosa)	Un molde cuadrado de 18cm y uno redondo de 10cm de diámetro	340g	340g	6	430g	5ml (1cdta)	55ml (3cda)	1-1¼ horas
Cubos de Juguete	Un molde cuadrado de 20cm y dos de 10cm	340g	340g	6	430g	5ml (1cdta)	55ml (3cda)	1-1¼ horas
Gatitos	Un molde cuadrado de 30cm y moldes semiesféricos de silicona de 6x7cm	400g	400g	7	510g	5ml (1cdta)	75ml (4cda)	1¼-1½ horas y 20 minutos para las semiesferas
Su Primera Muñeca	Un molde redondo de 20cm de diámetro y un molde semiesférico de 15cm	400g	400g	7	510g	5ml (1cdta)	75ml (4cda)	1¼-1½ horas
El Arca de Noé	Un molde redondo de 20cm de diámetro, un molde semiesférico de 20cm y dos moldes cuadrados de 10cm	565g	565g	10	650g	10ml (2cdta)	90ml (5cda)	1¼-1½ horas

Tarta Chocolate *Devil*

Esta receta nunca decepciona ya que, no sólo es fácil de elaborar, sino que además se consigue un bizcocho de sabor intenso y con una textura adecuada para tallarlo.

1 Precalienta el horno a 160°C.

2 Prepara el café en un bol resistente al calor, parte el chocolate negro en trozos pequeños y añádelos al café caliente, removiendo hasta que se derrita. Deja enfriar la mezcla.

3 Bate la mantequilla ablandada con el azúcar moreno hasta conseguir una mezcla ligera y esponjosa. Sin dejar de batir, añade los huevos de uno en uno y a continuación, incorpora el extracto de vainilla y la mezcla de chocolate y café fría.

4 Tamiza la harina y el bicarbonato de soda y añádelos de forma gradual. Mezcla con movimientos envolventes hasta obtener una masa suave y homogénea. Por último, incorpora el yogur natural entero.

5 Vierte la mezcla en el molde. Con la ayuda de la parte trasera de una cuchara,

lleva la mezcla hacia los laterales dejando la parte central ligeramente ahuecada. Si usas más de un molde, asegúrate de que todos estén llenos por la misma medida. Cuando elabores *cupcakes* rellena sólo la mitad o las ¾ partes de cada molde de papel.

6 Hornea el bizcocho en la parte central del horno durante el tiempo recomendado o hasta que introduzcas un palillo en el centro y salga completamente limpio.

7 Una vez horneado, saca el bizcocho y deja que repose durante cinco minutos dentro del molde. Desmóldalo y déjalo enfriar por completo sobre una rejilla. Una vez frío, puedes conservarlo en un recipiente hermético o envolverlo con film transparente durante por lo menos ocho horas, permitiendo de esta manera que el bizcocho se asiente y adquiera consistencia.

Proyecto	Molde	Café negro caliente	Chocolate de cobertura negro	Mantequilla blanda sin sal	Azúcar moreno	Huevos grandes	Harina tamizada	Bicarbonato de soda	Extracto de vainilla	Yogur natural entero	Tiempo de horneado
30 *Cupcakes*	Cápsulas de papel	175ml	75g	175g	280g	3	280g	7ml (1 ½cdta)	5ml (1cdta)	175ml	20 minutos
Día de Colada	Dos moldes redondos de 15cm de diámetro y uno de 10cm de diámetro	290ml	125g	290g	470g	5	470g	10ml (2cdta)	10ml (2cdta)	290ml	1-1¼ horas
La Llegada de la Cigüeña	Un molde redondo de 20cm de diámetro, uno de 15cm y uno de 10cm	350ml	150g	350g	550g	6	550g	15ml (3cdta)	10ml (2cdta)	350ml	1¼ -1½ horas
Amor de Madre	Un molde redondo de 20cm de diámetro	175ml	75g	175g	280g	3	280g	7ml (1 ½cdta)	5ml (1cdta)	175ml	1¼ -1½ horas
Bebés Llorones	Un molde redondo de 20cm de diámetro y uno de 10cm	235ml	100g	235g	375g	4	375g	10ml (2cdta)	10ml (2cdta)	235ml	1-1¼ horas
Bebé en una vaina	Dos moldes semiesféricos de15cm de diámetro	235ml	100g	235g	375g	4	375g	10ml (2cdta)	10ml (2cdta)	235ml	1¼ -1½ horas
Caja de Juguetes	Dos moldes cuadrados de 15cm	175ml	75g	175g	280g	3	280g	7ml (1 ½cdta)	5ml (1cdta)	175ml	1-1¼ horas
Ositos de Peluche	Dos boles semiesféricos de 15cm de diámetro, dos de 10cm y dos de 7cm	350ml	150g	350g	550g	6	550g	15ml (3cdta)	10ml (2cdta)	350ml	1-1½ horas
Castillos de cuento (azul)	Un molde cuadrado de 15cm y uno redondo de 10cm de diámetro	175ml	75g	175g	280g	3	280g	7ml (1 ½cdta)	5ml (1cdta)	175ml	1-1¼ horas
Castillos de cuento (rosa)	Un molde cuadrado de 18cm y uno redondo de 10cm de diámetro	175ml	75g	175g	280g	3	280g	7ml (1 ½cdta)	5ml (1cdta)	175ml	1-1¼ horas
Cubos de Juguete	Un molde cuadrado de 20cm y dos de 10cm	235ml	100g	235g	375g	4	375g	10ml (2cdta)	10ml (2cdta)	235ml	1-1¼ horas
Gatitos	Un molde cuadrado de 30cm y moldes semiesféricos de silicona de 6x7cm	290ml	125g	290g	470g	5	470g	10ml (2cdta)	10ml (2cdta)	290ml	1¼ -1½ horas y 20 minutos para las semiesferas
Su Primera Muñeca	Un molde redondo de 20cm de diámetro y un molde semiesférico de 15cm	290ml	125g	290g	470g	5	470g	10ml (2cdta)	10ml (2cdta)	290ml	1¼ -1½ horas
El Arca de Noé	Un molde redondo de 20cm de diámetro, un molde semiesférico de 20cm y dos moldes cuadrados de 10cm	350ml	150g	350g	550g	6	550g	15ml (3cdta)	10ml (2cdta)	350ml	1-1½ horas

recetas, tablas de ingredientes y tiempos de horneado

Mezcla de Cereales y Nubes o *Marshmallows*

Esta es una receta fácil y rápida que no necesita horneado. Los decoradores de tartas la utilizamos para confeccionar piezas que no añadan peso a nuestra creación y que a la vez tengan mucha resistencia. Los bizcochos con relleno pueden llegar a pesar mucho y poner presión y dañar las piezas sobre las que van colocados.

Esta receta también se puede utilizar en muchos de los proyectos presentados en el libro, sobre todo los que tienen forma de bola, ya que es muy fácil de manipular. Además, una vez fría, se convierte en una masa muy rica y fácil de decorar.

Ingredientes

50g de mantequilla
200g de nubes blancas o *marshmallows*
160g de cereal de arroz inflado

Se obtienen aproximadamente 350g - 380g de masa

1 Derrite la mantequilla en un cazo a fuego lento. Añade las nubes o *marshmallows* y remueve constantemente hasta que se hayan fundido. Una vez que esté todo derretido, sigue removiendo durante un minuto. Aparta del calor, añade el arroz inflado y mezcla muy bien hasta conseguir una masa homogénea.

2 Deja enfriar ligeramente y modela en la forma deseada, compactando la mezcla para conseguir una superficie bien lisa. Es necesario trabajar con rapidez antes de que la mezcla se solidifique.

Trufas de Bizcocho

Las trufas de bizcocho se elaboran mezclando la miga de los recortes sobrantes de las tartas con cualquier tipo de relleno. De esta forma, se consigue una miga húmeda y fácil de modelar. A esta receta también se le puede añadir trocitos o *chips* de chocolate, frutos secos e incluso un poco de licor. Mis trufas de bizcocho preferidas son las que hago con miga de bizcocho de chocolate mezclada con *ganache* y aromatizada con un chorrito de licor de naranja. También me gustan las trufas elaboradas con miga de bizcocho esponjoso de mantequilla mezclada con crema de mantequilla de vainilla y aromatizada con ralladura y un poco de zumo de limón.

Las trufas de bizcocho son muy útiles para usar en zonas en las que sería muy difícil tallar el bizcocho o incluso hornearlo debido a su tamaño. Al pesar igual que un bizcocho con relleno, no es recomendable utilizar esta mezcla para las partes de la tarta que no pueden soportar mucho peso (como por ejemplo, la cabeza del bebé del guisante, página 53). Sin embargo, son perfectas para sustituir algunas piezas modeladas con pasta de azúcar, como las cabezas de las muñecas de la página 100. Para cada una de estas mini tartas se necesitan 60g de pasta de azúcar, pero si utilizamos una bola de bizcocho y luego la cubrimos con la pasta, la cantidad necesaria será mucho menor. ¡Además están riquísimas!

También puedes utilizar esta receta para hacer *cake pops*; sólo tienes que formar unas bolitas con esta mezcla, insertar un palillo de piruleta y bañarlas en chocolate fundido o cualquier otra cobertura de tu agrado.

La siguiente receta es muy fácil de elaborar:

Ingredientes

150g de miga de bizcocho
50g de relleno para tartas

Se obtienen aproximadamente 200g

1 Introduce el bizcocho en el bol de la batidora con el accesorio de gancho y remueve despacio para que se desmigue bien. A continuación, añade el relleno elegido y sigue removiendo a la misma velocidad hasta conseguir una pasta firme y homogénea. Si ves que la mezcla aún se desgrana, añade un poco más de relleno.

2 Separa la cantidad necesaria y modela según la forma requerida. Deja enfriar en la nevera hasta que esté bien firme. Antes de cubrir con pasta de azúcar, pincela la superficie con un poco de agua hervida o de almíbar frío para que la pasta de azúcar se adhiera mejor.

Almíbar

Para bizcocho esponjoso de mantequilla y otras variantes

El almíbar garantiza que nuestro bizcocho permanezca húmedo durante todo el proceso de elaboración de la tarta y sobre todo, en el momento de degustarla. Antes de esparcir el relleno, asegúrate de pincelar cada capa de bizcocho con almíbar ayudándote de un pincel preferiblemente de silicona. Una vez armada la tarta, es recomendable pincelar la superficie y los laterales del bizcocho con almíbar para extender la primera capa de mantequilla fácilmente y sellar la miga.

La cantidad de almíbar adecuada para un bizcocho depende del gusto de cada uno. Hay a quien le gusta humedecerlo mucho mientras que otros decoradores prefieren utilizar menos cantidad. Personalmente, creo que un exceso de almíbar endulza demasiado la tarta por lo que, a continuación, detallo la cantidad que recomiendo para un bizcocho de 25cm de diámetro. En cualquier caso, se puede utilizar la cantidad que cada persona estime oportuno. De hecho, muchos profesionales utilizan el doble.

Ingredientes

115g de azúcar (superfina)
125ml de agua
5ml (1 cdta) de aroma o esencia de algún sabor

Se obtienen 240ml de almíbar

1 Pon el azúcar y el agua en un cazo a calentar y remueve despacio hasta que empiece a hervir. Sigue removiendo y deja que hierva durante un minuto para asegurarse de que se haya disuelto bien todo el azúcar. Aparta del fuego y deja enfriar.

2 Conserva el almíbar en un recipiente hermético en el frigorífico y utilízalo en los 30 días siguientes a su elaboración.

3 No es imprescindible aromatizar el almíbar si ya se ha incorporado sabor al bizcocho. Sin embargo, si se quiere intensificar el sabor de la tarta se puede aromatizar también el almíbar. El aroma de vainilla es el más popular, pero también se consiguen muy buenos resultados añadiendo cualquier mermelada de fruta sin semillas.

Crema de Mantequilla

Éste es un relleno versátil y uno de los preferidos por muchas personas. La crema de mantequilla elaborada con mantequilla sin sal de buena calidad es deliciosa y mucho más cremosa que cuando se utiliza mantequilla salada. Personalmente, me gusta añadirle leche para obtener una crema más clara y de textura ligera. Si de lo contrario prefieres una crema más firme y amarillenta, omite la leche e incorpora una cantidad menor de azúcar glas. A esta receta básica se le puede añadir cualquier sabor según el gusto de cada persona.

Ingredientes

175g de mantequilla blanda sin sal
30ml-45ml (2-3cda) de leche
5ml (1cdta) del sabor elegido (opcional)
450g de azúcar glas tamizada

Se obtienen 625g aproximadamente

1 Pon la mantequilla ablandada, la leche y el sabor elegido en el bol de la batidora. Mezcla a velocidad media y añade el

azúcar glas poco a poco, hasta obtener una crema pálida, ligera y esponjosa.

2 Conserva la crema en un recipiente hermético y utilízala dentro de los 10 días siguientes a su elaboración. Bate de nuevo la crema antes de utilizarla.

Variantes para la crema de mantequilla

Chocolate
Incorpora 145g-200g de chocolate fundido y templado, negro, con leche o blanco.

Naranja o limón
Añade 30ml-45ml (2-3cda rasas) de crema pastelera de naranja o de limón.

Café
Añade 30ml-45ml (2-3cda) de esencia de café.

Frambuesa
Añade 30ml-45ml (2-3cda rasas) de mermelada de frambuesa sin semillas.

Almendras
Añade 5ml (1cdta) de esencia de almendras.

Ganache de Chocolate

La *ganache* es un delicioso relleno de chocolate que se utiliza para sellar la miga del bizcocho ya que cuando se endurece, forma una capa firme ideal para colocar sobre ella la pasta de azúcar. Para que adquiera la consistencia necesaria, deberás dejarla reposar durante 24 horas a temperatura ambiente o refrigerarla por una noche. En cualquier caso, cuando vayas a utilizar la *ganache* asegúrate de batirla bien antes de usarla y de que se encuentra a temperatura ambiente.

Con las recetas detalladas a continuación se obtiene una cantidad de *ganache* suficiente para los proyectos incluidos en este libro (más una cantidad extra por si fuera necesario).

Ingredientes

300g de chocolate de cobertura negro
300ml de nata líquida para montar

Se obtienen 520-540g aproximadamente

400g de chocolate de cobertura negro
400ml de nata líquida para montar

Se obtienen 720g-740g aproximadamente

1 Funde el chocolate al baño María hasta que alcance una temperatura de 40°C.

2 Vierte la nata líquida en un cazo al fuego y calienta durante 2 ó 3 minutos hasta que esté casi hirviendo. Aparta del fuego y deja que se enfríe durante 5 minutos. A continuación, añade el chocolate y remueve bien hasta obtener una crema de chocolate espesa y brillante.

3 Una vez que la *ganache* esté completamente fría, consérvala en un recipiente hermético en la nevera durante un mes como máximo.

Pasta de Azúcar (*Fondant*)

La pasta de azúcar o *fondant* se puede comprar ya preparada en supermercados y tiendas especializadas. Cada marca tiene su propia textura, sabor y características de manipulado. Por esta razón, lo mejor es probar distintas pastas hasta encontrar la que más te guste. Si por el contrario prefieres preparar tu propia pasta de azúcar, recomiendo la siguiente receta.

Ingredientes

1 clara de huevo hecha con albúmina o clara de huevo deshidratada
30ml (2cda) de glucosa líquida
625g de azúcar glas
Un poco de grasa vegetal (opcional)
Una pizca de CMC*

Se obtienen 625g de pasta

*NOTA: CMC, es la abreviatura de Carboxyl Methyl Cellulosa, un espesante muy utilizado en la industria alimentaria. En este caso, debemos usar el clasificado como comestible. Muchas marcas lo comercializan, como por ejemplo *Squires Kitchen* SK CMC, Los Polvos Mágicos de *Debbie Brown* (CMC), *Tylose, Tylopur, Tylo* y *Sugarcel.* También se puede utilizar SK Goma Tragacanto que es un producto natural.

1 Pon en un bol la clara de huevo e incorpora la glucosa líquida con ayuda de una cuchara caliente.

2 Añade el azúcar glas tamizado poco a poco y remueve bien después de cada incorporación hasta formar una pasta.

3 Vuelca la pasta sobre la superficie de trabajo, previamente espolvoreada con azúcar glas y amásala hasta obtener una pasta más suave y flexible. Si ves que la pasta está muy seca y se cuartea, añade un poco de grasa vegetal y sigue amasando. Si por el contrario, la pasta está demasiado blanda y pegajosa, añade un poco más de azúcar glas. Por último, incorpora el polvo de CMC para darle resistencia a la pasta de azúcar.

4 Una vez hecha la pasta, guárdala inmediatamente en una bolsa de plástico apta para uso alimentario y consérvala en un lugar seco. La pasta se puede almacenar a temperatura ambiente o incluso meterla en la nevera si hace mucho calor. Antes de reutilizarla, hay que amasarla bien.

truco

La pasta de azúcar casera se puede congelar hasta un máximo de tres meses. De este modo puedes ahorrar tiempo siempre que tengas que decorar una tarta. Cuando vayas a utilizarla, descongela la pasta a temperatura ambiente antes de usarla.

Glasé Real

El glasé real se utiliza para realizar dibujos y pequeños detalles decorativos, así como para pegar piezas de azúcar ya que cuando se seca, aporta mucha seguridad. En algunos supermercados y tiendas especializadas se puede encontrar

glasé real ya preparado o una versión semi-preparada en polvo a la que sólo hay que añadir agua (siguiendo las instrucciones del paquete). Si prefieres fabricar el glasé en casa, aquí tienes la receta.

Ingredientes

5ml (1cdta rasa) de albúmina en polvo
15ml (3cdta) de agua previamente hervida y enfriada
65g-70g de azúcar glas

Se obtienen 75g de glasé real

1 Pon la albúmina en polvo en el bol, añade el agua y mezcla bien.

2 Mientras se bate la mezcla anterior, incorpora el azúcar glas poco a poco y continua batiendo hasta obtener una pasta blanca, brillante y firme que forme picos cuando se retira la cuchara.

3 Para evitar que el glasé real se seque, es conveniente cubrirlo con un paño húmedo hasta que se vaya a utilizar. También se puede conservar en un recipiente hermético y guardarlo en el frigorífico.

Pasta para Modelar

Esta receta fácil y rápida, asegura una pasta para modelar de excelente calidad. Si no disponemos de tiempo suficiente para elaborarla, podemos comprarla ya preparada. La pasta mexicana de Squires Kitchen (SK) se vende lista para usar y da muy buenos resultados.

Ingredientes

450g de pasta de azúcar
5ml (1cdta rasa) de polvo de CMC

Se obtienen 450g de pasta

Espolvorea el CMC sobre la pasta de azúcar y amasa bien hasta que se incorpore por completo. La pasta adquirirá firmeza rápidamente y podrás utilizarla de forma inmediata. Ésta continuará adquiriendo firmeza durante las 24 horas posteriores a su elaboración. La cantidad de CMC puede variar dependiendo del uso que vayamos a darle y también en función de la temperatura y humedad del ambiente. Una vez preparada, conserva la pasta en un recipiente hermético.

Pegamento Comestible

El pegamento que se utiliza para el modelado de azúcar se puede comprar ya preparado en tiendas especializadas o fabricarse en casa con la siguiente receta.

Ingredientes

1,25ml (¼cdta) de CMC en polvo
30ml (2cdas) de agua hervida y templada

Se obtienen 30ml (2cdas) de pegamento comestible

1 Disuelve el CMC en agua templada y deja reposar. El pegamento debe tener una consistencia parecida al gel. Si al cabo de varios días el pegamento se ha vuelto demasiado espeso, se pueden añadir unas gotitas de agua previamente hervida.

2 Conserva la mezcla en un recipiente hermético dentro del frigorífico y utilízala dentro de los siete días posteriores a su elaboración.

3 Para utilizar, pincela una capa fina de pegamento sobre la superficie de aquello que quieras pegar, deja que adquiera una consistencia pegajosa y coloca la pieza en su sitio.

Palillos de Pastillaje

Estos palillos están hechos de pastillaje, una pasta que se seca rápidamente y que conserva su forma una vez endurecida. Se utilizan como soporte comestible, principalmente para ayudar a mantener las cabezas de las figuras en su sitio. Si no dispones de tiempo suficiente para fabricar tus propios palillos de pastillaje, puedes sustituirlos por trozos de espaguetis secos en piezas pequeñas o por palillos de papel para piruletas cuando se necesita un mayor soporte en la figura. No hay que olvidarse nunca de retirar los palillos de sujeción antes de consumir la pieza.

Ingredientes

5ml (1cdta rasa) de glasé real de consistencia muy firme
1,25 ml (¼cdta) de CMC
Azúcar glas extra para espolvorear

Se obtienen aproximadamente 10-20 palillos de pastillaje

1 Mezcla el CMC con el glasé real hasta obtener una pasta. Si la masa está todavía húmeda, incorpora un poco de azúcar glas hasta que se vuelva suave y moldeable.

2 Extiende la pasta obtenida y corta tiras de diferentes largos utilizando un cuchillo de hoja lisa o modela rollitos finos de pasta de la medida necesaria. A continuación, deja secar el pastillaje durante una noche sobre una esponja. Cuando esté completamente seco, consérvalo en un recipiente hermético.

truco

Estos palillos de pastillaje se pueden usar en todos los proyectos de este libro en los que se utilizan palillos de papel de piruleta. Hay que tener en cuenta que los palillos de piruleta son más fuertes y por lo tanto sujetan más peso. Además, no absorben la humedad.

equipo básico

Existe una enorme variedad de equipamiento disponible en el mundo del modelado de azúcar que puede ayudarte a conseguir unos magníficos resultados con tus tartas. Si ya posees un buen equipo de herramientas o sabes de alguna tienda especializada en tu ciudad, puedes hacer uso de las propuestas que te ofrece el mercado. En mi caso, todo el que me conoce sabe que trabajo sin utilizar muchas herramientas, y como también soy consciente de que puede haber lectores que no tengan mucha facilidad para adquirirlas, intento utilizar aquellas que son absolutamente imprescindibles; las que uso con mayor frecuencia y que por lo tanto, son fundamentales en mi caja de herramientas.

En cada proyecto del libro hay una lista donde se especifican los materiales necesarios para elaborar la tarta. No obstante, a continuación se detallan las herramientas básicas. En la página 112 puedes encontrar una lista de proveedores especializados donde adquirirlas.

1 Azucarero tamizador para espolvorear

Aunque un azucarero tamizador para espolvorear no es imprescindible, ya que también podemos espolvorear el azúcar glas con la mano, es muy útil a la hora de extender la pasta. Elige un azucarero con bastantes agujeros en la tapa.

2 Base giratoria

Las bases giratorias permiten decorar los laterales de la tarta con comodidad. Es aconsejable elegir una base giratoria con altura para facilitar el trabajo. Las bases giratorias metálicas son las más resistentes aunque ya se pueden encontrar en el mercado bases giratorias de plástico de buena calidad. Cuando elijas una asegúrate de que sea estable y no se incline hacia los lados al girarla.

3 Bases rígidas y bases finas de cartón

Las bases rígidas de 15mm de grosor aptas para uso alimentario son muy útiles como base para tartas, ya que son ligeras y lo suficientemente fuertes como para soportar el peso de la tarta. Las bases finas de cartón de 5mm de grosor también son fuertes y pueden sustituir si se prefiere a las bases rígidas. Existen bases aún más finas que se utilizan como separadores para sostener cada piso de la tarta cuando se utilizan varillas o palillos internos o también como base para las mini tartas. Dependiendo de la base de la que dispongas, puede ser recomendable forrarla con una capa doble de film transparente para evitar que absorba la humedad de la tarta. Otra opción son las bases para pizzas ya que están preparadas por ambos lados con una cubierta apta para uso alimentario. En EEUU este tipo de bases de poliestireno o de plástico son más fáciles de encontrar. En cualquier caso, siempre que estos separadores sean aptos para entrar en contacto con comida, puedes elegir el que más te convenga.

4 Bolillo o esteca en forma de hueso

El bolillo se utiliza para marcar círculos limpios y bien definidos en la pasta de azúcar. Con la esteca con forma de hueso se puede además marcar formas de lágrima utilizando su parte posterior. Ambas herramientas son muy útiles para el modelado de personajes y animales.

5 Boquillas (de diferentes tamaños)

A lo largo del libro se utilizan boquillas lisas de distintos tamaños para trabajar con glasé real o para cortar círculos muy pequeños. Los tamaños utilizados se indican en cada proyecto.

6 Cintas

Las cintas dan un acabado muy profesional a las tartas. No olvides forrar el borde de la base de la tarta con una cinta que haga juego con el proyecto. Las cintas de 15mm de ancho se ajustan perfectamente al borde de la base y se pueden pegar con cinta de pegar de doble cara o con pegamento en barra no tóxico (consultar página 21).

7 Cortantes

Hay muchos modelos diferentes de cortantes en el mercado. Personalmente prefiero utilizar los de formas de flores básicas (margaritas, pétalos de rosa) y de formas simples (círculos, corazones, cuadrados). Los cortantes que incluyen eyectores son muy útiles para recortar formas muy pequeñas. En cada proyecto se incluye una lista de los cortantes necesarios.

8 Cuchillo pequeño de hoja lisa y cuchillo grande de sierra

Necesitarás un cuchillo de hoja lisa para recortar el sobrante de pasta de azúcar y un cuchillo grande de sierra para cortar un bizcocho en capas y rellenarlo. Asegúrate

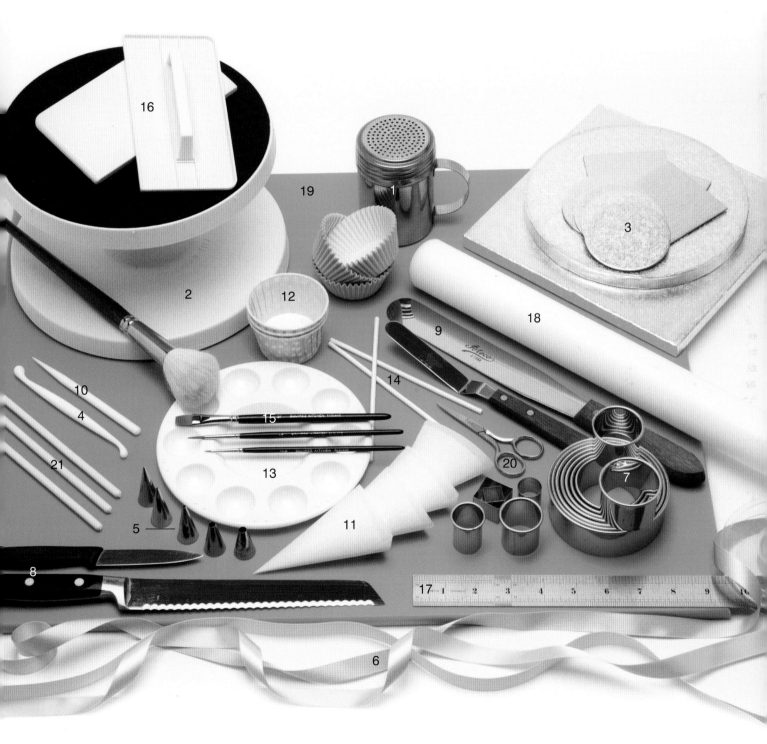

de que el mango del cuchillo no es un impedimento a la hora de cortar la pasta.

9 Espátula recta y en ángulo

La espátula recta es útil para extender crema de mantequilla o cualquier relleno sobre un bizcocho. Si utilizas la espátula en ángulo para untar, asegúrate de que la parte plana queda debajo. La espátula en ángulo es también muy útil para levantar de la tabla piezas de pasta de azúcar recortadas.

10 Esteca o herramienta de modelado en punta (CelStick)

Aunque a veces se utiliza el mango del pincel para marcar la pasta de azúcar (ya que todos tenemos uno en nuestra caja de herramientas), es útil tener también una herramienta de modelado en punta (CelStick). Su forma es parecida a la de un pincel aunque está hecha con un material anti-adherente y es mucho más suave.

11 Mangas de papel

Las mangas de papel se utilizan para decorar con glasé real y para inyectar relleno en tartas pequeñas o en cupcakes. Se pueden comprar ya hechas o si lo prefieres, puedes fabricarlas en casa. Se pueden utilizar con y sin boquilla (ver a continuación).

12 Moldes/cápsulas de papel para *cupcakes*

En las tiendas especializadas puedes encontrar una gran variedad de moldes a la venta, aunque también tienes la posibilidad de alquilarlos. Para tartas pequeñas, y dependiendo del proyecto a realizar, se pueden utilizar boles de cristal aptos para hornos, moldes flexibles de silicona, moldes pequeños e incluso moldes de papel para *cupcakes*.

13 Paleta de colores

Siempre es útil tener una paleta de plástico para mezclar colores y como recipiente para tener a mano pegamento, agua o incluso alcohol.

14 Palillos de papel para piruletas

Los palillos de papel son útiles para sostener las cabezas de las figuras modeladas; son más pequeños que las varillas de plástico y más resistentes que los palillos de pastillaje o espaguetis (consultar página 15). No te olvides nunca de retirar de la tarta cualquier objeto no comestible antes de consumirla.

15 Pinceles

Siempre utilizo pinceles de buena calidad para cargar la pintura y el pegamento comestible correctamente y evitar que las cerdas marquen la superficie de la pasta. También empleo pinceles para manipular piezas muy pequeñas que podrían deformarse al tocarlas con los dedos. Hay una gran variedad de pinceles disponible en tiendas especializadas. Utiliza los pinceles redondos para pintar y los planos para sombrear con los colorantes en polvo.

16 Pulidores o alisadores

Los pulidores o alisadores ayudan a dar un acabado liso y profesional a la pasta de azúcar que se utiliza para cubrir las tartas y sus bases. Es preferible tener dos, ya que de esta manera se puede trabajar con uno en cada mano y presionar al mismo tiempo desde ambos lados.

17 Regla

Es muy útil tener siempre una regla a mano, sobre todo cuando vamos a tallar bizcochos y decorarlos. Guarda una en tu caja de herramientas y úsala exclusivamente para tus tartas.

18 Rodillos

Los rodillos de polipropileno grandes y pequeños son siempre una buena inversión ya que si los cuidas debidamente te pueden durar muchos años. Utiliza un rodillo grande para estirar la pasta de azúcar cuando vayas a cubrir una tarta y uno pequeño para decoraciones menores.

19 Tabla antiadherente

Aunque no es imprescindible, utilizar una tabla antiadherente te ayudará a evitar que al estirar la pasta de azúcar, ésta se pegue a la mesa. Aunque se necesita menos cantidad que en una superficie normal, no te olvides de espolvorear la tabla con azúcar glas.

20 Tijeras finas y con punta

Son muy útiles para cortar piezas pequeñas como el pelo o los dedos de las figuras y facilitan el trabajo más que si se utilizara un cuchillo.

21 Varillas de plástico o palillos de sujeción

Son imprescindibles para sujetar y dar firmeza a tartas muy grandes y también para dar sujeción a figuras de gran tamaño que necesiten soportes internos. En mi caso, siempre utilizo varillas de plástico en lugar de palillos de madera. La cantidad de varillas o palillos necesarios se indica en la lista de materiales al principio de cada proyecto, aunque siempre es aconsejable tener algunas varillas extras en nuestra caja de herramientas.

Hay otra serie de herramientas que pueden ser igualmente útiles:

- Lira para cortar bizcochos en capas rectas.
- Palillos de madera para hacer agujeros pequeños y rizar los bordes de las pastas. También son útiles para manipular los colorantes en pasta.
- Cuchillo de trabajo para cortar piezas pequeñas de pasta para modelar.
- Esponja apta para uso alimentario para secar figuras de pasta de azúcar sobre ella.
- Brocha de repostería para humedecer los bizcochos y distribuir el relleno.

técnicas básicas

Todos los proyectos incluidos en este libro requieren abrir el bizcocho en capas para rellenarlo y sellar la miga con el relleno elegido (consultar páginas 12 y 13). Si sigues estas instrucciones conseguirás un bizcocho con una superficie nivelada sobre la que poder trabajar y que te permitirá conseguir los mejores resultados una vez que la tarta esté decorada. En esta parte del libro se incluyen también algunas pautas básicas sobre otras técnicas de decoración que te ayudarán a obtener muy buenos resultados.

Cómo Rellenar un Bizcocho Esponjoso

1 Recorta la corteza y nivela la superficie del bizcocho utilizando un cuchillo de sierra o una lira. Corta de dos a cuatro capas de bizcocho, sepáralas y pincélalas con almíbar para humedecerlas (consultar página 12). A continuación, devuelve el bizcocho a su forma original, aplicando relleno entre las capas. Procura que cada capa de relleno no mida más de 5mm.

2 Vuelve a humedecer toda la superficie con almíbar antes de aplicar la capa de crema o relleno para sellar la miga.

3 Cubre con relleno toda la superficie y los laterales del bizcocho con ayuda de una espátula plana grande. Reparte el relleno de manera uniforme por todos los huecos para obtener así una superficie lisa. Si la miga empieza a mezclarse con el relleno, añade una capa más espesa y reparte bien por toda la tarta.

4 Deja reposar la tarta en la nevera hasta que la vayas a cubrir con pasta de azúcar (consultar página 20). Antes de cubrirla, vuelve a alisar la superficie con una espátula para suavizar la miga o si lo prefieres, aplica un poquito de almíbar por encima para que la pasta de azúcar se pegue mejor.

Cómo Cubrir un Bizcocho Relleno con Pasta de Azúcar

Cobertura de una sola pieza (adecuado para la mayoría de tartas):

1 Amasa bien la cantidad de pasta de azúcar necesaria para cubrir el bizcocho sobre una superficie antiadherente espolvoreada con azúcar glas. Procura girar la pasta de vez en cuando mientras amasas para poder mantener una forma regular y evitar que se pegue a la superficie de trabajo. Nunca des la vuelta a la pasta, ya que el azúcar glas espolvoreado podría dejar marcas no deseadas.

2 Con ayuda del rodillo, mide la superficie y los laterales del bizcocho para hacerte una idea del tamaño que necesitas. Extiende la pasta de azúcar con el rodillo grande hasta que tenga el tamaño necesario y un grosor de aproximadamente 3mm.

3 Espolvorea muy ligeramente la superficie de la pasta de azúcar ya extendida con azúcar glas para evitar que se pegue mientras la manipulas. Levanta la pasta con ayuda del rodillo colocándolo en el centro y envolviéndolo con la misma

pasta. De esta manera evitaremos que al levantarla se deforme y se rompa. Coloca la pasta de azúcar sobre el bizcocho relleno.

4 Alisa la pasta con la palma de la mano y asegúrate de que no quedan bolsas de aire y que la pasta está bien adherida también por los laterales.

5 Cuando hayas alisado la superficie y los laterales de la tarta, recorta el exceso de pasta de azúcar con ayuda de un cuchillo. Pule toda la superficie y los laterales con un alisador hasta obtener un acabado uniforme y satinado. Vuelve a recortar el exceso de pasta alrededor si fuera necesario para lograr unos bordes con un acabado limpio.

6 Si necesitas trabajar con la pasta de azúcar cuando todavía está blanda hazlo de inmediato. De lo contrario, déjala reposar varias horas para conseguir una superficie firme sobre la que trabajar.

truco

En ocasiones, al cubrir con pasta de azúcar una tarta con una forma inusual es posible que aparezcan pliegues innecesarios que pueden complicar el trabajo. En lugar de intentar estirarlos, pellízcalos y recorta el exceso. Para que no se vea el corte, espolvorea tus manos con azúcar glas y alisa esa parte suavemente con las manos hasta que desaparezca la marca.

Cobertura de superficie y laterales en distintas piezas (adecuado para tartas con bordes rectos)

1 Extiende la pasta de azúcar como se indica en el paso 1 del apartado anterior. Esta vez, en lugar de extender la pasta del tamaño de toda la tarta, hazlo sólo del tamaño de la parte que quieres cubrir. Recorta el trozo que vayas a necesitar utilizando una plantilla si fuera necesario o midiendo cuidadosamente con una regla.

2 Levanta el trozo que vas a colocar con ayuda de una espátula grande para evitar que se deforme. Recorta a medida y alisa los bordes con la yema de los dedos. Si la pieza es muy larga (por ejemplo, el lateral de la tarta), conviene espolvorear la pasta con un poco de azúcar glas y enrollar la misma para después colocarla contra el lateral y desenrollarla como si se estuviera aplicando un vendaje.

3 Deja secar durante unas horas para que la pasta adquiera consistencia.

Cómo Cubrir la Base de una Tarta con Pasta de Azúcar

1 Humedece ligeramente la superficie de la base con agua fría, previamente hervida, con ayuda de un pincel de repostería.

2 Amasa la pasta de azúcar y extiéndela sobre una superficie antiadherente previamente espolvoreada con azúcar glas. Asegúrate de que la pieza de pasta de azúcar sea lo suficientemente grande como para cubrir toda la base y tenga un grosor de aproximadamente 2mm-3mm. Mientras estiras la pasta con el rodillo, gira la masa de vez en cuando para evitar que se pegue a la superficie de trabajo, pero no le des la vuelta.

3 Pliega la pasta de azúcar sobre el rodillo, levántala y colócala sobre la base. Alisa toda la superficie utilizando un pulidor.

4 Eleva la base sujetándola con la mano por debajo como si fuera una bandeja y recorta el exceso de pasta por todo el contorno con un cuchillo. Si prefieres un borde con un acabado más redondeado, utiliza el alisador para afinar y cortar el exceso de pasta en lugar de un cuchillo.

5 Para terminar, remata el lateral de la base con una cinta de 15mm de ancho (un poco más ancha que la propia base ya que al cubrirla con pasta de azúcar el borde se hace más alto). Mide el contorno de la base y añade 2cm para poder unir los extremos.

6 Utiliza pegamento en barra no tóxico o una cinta de pegar de doble cara. Comenzando por la parte de atrás, pega la cinta alrededor de la base dando toda la vuelta. Cuando coloques la tarta sobre la base asegúrate de que la unión queda en la parte trasera de la tarta.

Cómo Asegurar una Tarta de Varios Pisos

Si una tarta está compuesta por dos o más pisos o es particularmente alta, necesitarás asegurar los pisos inferiores con varillas o palos de sujeción después de cubrirlos con pasta de azúcar. De esta forma, los pisos quedarán nivelados y se evitarán posibles accidentes.

1 Haz una plantilla del tamaño de la superficie de la tarta con papel para hornear, dóblala por la mitad y vuelve a doblarla otra vez para marcar así el centro. A continuación, dibuja un círculo alrededor del centro de un tamaño inferior al de la tarta que irá colocada encima. Marca los puntos donde vas a introducir las varillas o palos de sujeción. La cantidad de estos soportes dependerá del tamaño de la tarta y de la cantidad de pisos que se tengan que sujetar (ver cada proyecto para más detalles).

2 Usando la plantilla como guía y con la ayuda de una herramienta con punta o un cuchillo, marca sobre la pasta de azúcar el lugar donde vas a introducir las varillas de sujeción. Introduce las varillas en la tarta, asegurándote de que estén completamente verticales y de que toquen la base. Con un lápiz, marca cada varilla justo por encima de donde asoma, a la altura de la pasta de azúcar, procurando no marcar la pasta con el lápiz. De forma alternativa, también se pueden marcar los palos de sujeción con un cuchillo.

3 Saca las varillas y alinéalas sobre una superficie plana. La altura de las marcas puede variar de unos palos de sujeción a otros. Marca las varillas por la altura de la más baja con un cuchillo. De esta forma, te asegurarás de que la tarta está bien nivelada y evitarás que aparezcan huecos y se incline. Córtalas y vuelve a introducirlas de nuevo en la tarta; todas deberían estar niveladas con la superficie de la tarta (o un poco por debajo si ésta no está del todo nivelada).

Cómo Cubrir Mini Tartas con Pasta de Azúcar

Las mini tartas siempre son un éxito en todas las celebraciones. Pueden acompañar a una tarta grande o servirse de forma individual y tienen ese toque refinado y lleno de estilo que tanto gusta. Cada proyecto del libro incluye ideas para preparar mini tartas como complemento a la tarta principal. Éstas pueden servir de guía e inspiración para que cada persona cree sus propios diseños.

Las mini tartas se pueden hacer de muchas formas, incluyendo redondas o cuadradas. Aunque se pueden elaborar partiendo de una plancha grande de bizcocho y utilizando cortantes anchos de buena calidad para darles forma, yo recomiendo utilizar los moldes y forros para mini tartas de Squires Kitchen que podrás encontrar en tiendas especializadas. Estos moldes nos facilitan el trabajo y nos ayudan a no desperdiciar nada de bizcocho, garantizando así la obtención de unos tamaños y formas correctos independientemente del número de mini tartas que se requiera. Por su parte, los moldes de silicona con formas redondeadas nos facilitan mucho el trabajo a la hora de desmoldar los bizcochos.

Nota importante: Asegúrate de retirar todos los elementos no comestibles introducidos en la tarta antes de servirla.

1 Corta la mini tarta en varias capas dependiendo del tamaño y forma. Para las formas de bola, une dos semiesferas con el relleno elegido. Sella la miga con el relleno (consultar páginas 12 y 13).

2 Extiende la pasta de azúcar en una capa de unos 2mm de grosor, es decir, un poco más fina que la utilizada para una tarta grande. Cubre la mini tarta como se explica en las páginas 20-21 y alisa la superficie y los laterales con un pulidor.

3 Recorta el exceso de pasta alrededor de la base de la tarta. Para acelerar este proceso, utiliza un cortante de un tamaño ligeramente más grande que el tamaño de la mini tarta. Simplemente coloca el cortante sobre la mini tarta ya cubierta con

la pasta de azúcar y presiona para cortar el exceso de pasta de la base.

4 Coloca cada mini tarta sobre una base de cartulina o sobre un trozo de papel para hornear y decora a tu gusto.

truco

Las mini tartas son un regalo perfecto para cuando queremos obsequiar a nuestros invitados con un recuerdo de nuestra celebración. Colócalas individualmente en cajitas o envuélvelas en bolsitas de celofán rematadas con un lazo que combine.

Cómo Usar los Colores

Los colorantes alimentarios están disponibles en forma líquida, en pasta, en polvo o para pintar en superficie. Éstos últimos junto con los líquidos se utilizan generalmente para pintar sobre la pasta de azúcar. Los colorantes en pasta son ideales para teñir la pasta de azúcar, la pasta de modelar y también el glasé real. Por su parte, los colorantes en polvo sirven para sombrear y dar color a muchas figuras en seco; disueltos en alcohol sirven como pinturas de secado rápido.

Squires Kitchen fabrica una inmensa gama de colores para uso alimentario. Todos ellos son comestibles, bajos en contenido de tartracina y sin glicerina (consultar página 112). Puedes conseguirlos en tu tienda o proveedor habitual. Si vas a utilizar

pastas o coberturas teñidas en casa, deberás dejarlas reposar dos horas como mínimo antes de utilizarlas para que el color se asiente e intensifique.

truco

Los colorantes en pasta son muy concentrados. Para conseguir el tono deseado añade el color poco a poco con ayuda de un palillo de madera. Asegúrate de amasar la pasta bien para incorporar el color y que éste se integre lo mejor posible. Deja reposar la pasta en una bolsa de plástico hermética apta para uso alimentario un par de horas antes de utilizarla.

día de colada

Al principio, este proyecto me vino a la cabeza en tonos azules combinado con colores vivos para la ropa tendida. Pero al final me decidí por tonos suaves de rosa y marrón que han dado como resultado una combinación más elegante.

Materiales comestibles

2 tartas redondas de 15cm de diámetro y 8cm de alto (consultar receta en páginas 6-9)

Una tarta redonda de 10cm de diámetro y 8cm de alto (consultar receta en páginas 6-9)

50g de trufa de bizcocho para cada cesta de ropa (consultar receta en página 11)

450g de relleno para cubrir la tarta (consultar receta en páginas 12-13)

Pasta de azúcar (*fondant*):

    315g de color rosa/beis (teñida con rosa con un toque de marrón)

    900g de color beis (teñido con un toque de marrón)

    30g de color rosa pálido

Pasta para modelar:

    30g de color beis

    10g de color marrón

    5g de color rosa oscuro

    45g de color marrón claro

    30g de color rosa pálido

    15g de color beis claro

    30g de color blanco

45g de glasé real

Colorantes alimentarios líquidos o en pasta: negro, marrón y rosa de Squires Kitchen (SK)

Pegamento comestible (consultar receta en página 15) (SK)

Herramientas

Equipo básico (consultar páginas 16-18)

Base para tartas redonda de 30cm de diámetro

2 bases de cartón de 12cm de diámetro y una de 8cm de diámetro

6 varillas de plástico o palillos de sujeción aptos para uso alimentario

Pinceles fino y mediano de Squires Kitchen (SK)

Papel para horno

Plantilla (consultar página 111)

Cortante pequeño en forma de flor

Cortante redondo de 1cm de diámetro

Cortantes pequeños en forma de flor y corazones

Boquillas: nº 1, 1,5 y 4 (PME)

Palillos de madera

Base de la Tarta

1 Amasa la pasta de azúcar rosa/beis hasta conseguir una consistencia suave y maleable. Espolvorea la superficie de trabajo con un poco de azúcar glas y frota también un poco sobre la superficie de la pasta de azúcar para, a continuación, proceder a estirarla. Gira la pasta cada vez que pases el rodillo para evitar que se pegue a la superficie de trabajo. La pasta estará lista cuando tenga un grosor de 2-3mm y un tamaño suficiente como para cubrir la base.

2 Humedece la base con un poco de agua fría, previamente hervida, o con pegamento comestible. A continuación, levanta la pasta de azúcar y colócala sobre la base. Alisa la superficie con ayuda de un pulidor y recorta la pasta que sobresale por el borde de la base. Deja secar.

Tarta

3 Recorta la corteza de los bizcochos y nivela la parte de arriba (conserva los recortes). Corta los bizcochos en capas, añade relleno entre cada una de las capas de bizcocho y devuélvelos a su forma original. Trabajaremos cada bizcocho por separado y finalmente los colocaremos sobre sus respectivas bases de cartón.

4 Como el primer piso de la tarta tiene el doble de altura que el de arriba, tienes que asegurarte de que no se deforme por culpa del peso. Para ello, introduce tres varillas de plástico en el centro de una de las tartas grandes, de tal forma que lleguen hasta la base de cartón. Marca la altura de la tarta en las varillas usando un lápiz y a continuación, sácalas de la tarta y corta todas guiándote por la marca más baja.

5 Vuelve a introducir las varillas ya cortadas dentro de la tarta. Coloca la segunda tarta grande sobre la que tiene los soportes utilizando un poco de relleno para pegar una sobre la otra. Cubre toda la pieza con relleno para crear una capa que selle la miga y que ayude a que la pasta de azúcar se adhiera al bizcocho. Llegados a este punto, la tarta tendrá una altura aproximada de 14cm. Cubre también la tarta pequeña con una capa de relleno para sellar la miga y ayudar a que la pasta de azúcar se adhiera.

6 Extiende 650g de pasta de azúcar beis y cubre con ella la tarta grande, que es la que irá colocada primero. Alisa bien la pasta usando el pulidor y asegurándote de

pasarlo bien por toda la superficie. Recorta el exceso de pasta que quede por el borde para obtener un acabado limpio. Coloca esta pieza sobre la base que has forrado previamente. Levanta la tarta con mucho cuidado y colócala bien centrada sobre la base. Asegúrate de aplicar pegamento comestible en la base para evitar que se desplace.

7 Cubre la tarta pequeña con pasta de azúcar del mismo modo que el bizcocho grande. Antes de colocar la pieza pequeña sobre la grande, introduce sujeciones para ayudar a soportar el peso. Procede igual que para la tarta grande. Una vez hayas cortado las sujeciones y las hayas introducido de nuevo en el bizcocho, coloca la tarta pequeña sobre la grande, asegurándote de que queda bien centrada. No te olvides de poner un poco de pegamento comestible entre una y otra para evitar accidentes.

Cesta de la Ropa

8 Mezcla parte de los recortes sobrantes de bizcocho hecho migas con parte del

relleno para hacer una trufa (consultar página 11). Para dar forma a la cesta, modela una bola con 50g de trufa de bizcocho, presiona ligeramente uno de los lados para afinar y el opuesto para aplanar la base. Colócala sobre un trozo de papel encerado y déjala enfriar en la nevera unos cinco minutos para que adquiera consistencia.

9 Una vez firme, unta la cesta con una pequeña capa de relleno y cúbrela con pasta de azúcar de color rosa pálido, alisando bien toda su superficie. Recorta el exceso de pasta de la parte inferior y marca dos rayitas alrededor de la cesta utilizando el reverso de la hoja de un cuchillo. Deja secar.

Cuerda de Tender la Ropa

10 Haz un rollito con la pasta de modelar de color marrón claro para crear los palos que sujetan la cuerda de tender la ropa. Corta tres palos de 11cm de largo para la tarta grande y otros tres de 7,5cm para la más pequeña. Pégalos de manera que se encuentren repartidos por el contorno

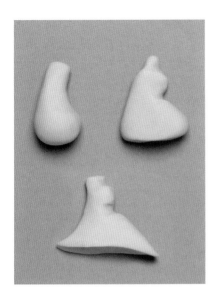

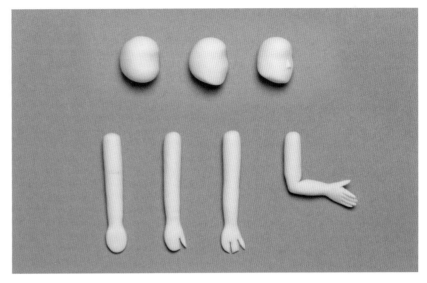

de las tartas y coloca una bolita un poco aplanada encima de cada uno de ellos para rematarlos. Por último, haz marcas que vayan de un palo a otro usando la punta de un cuchillo para simular la cuerda de tender la ropa.

La Futura Madre

11 Para hacer la figura de la mujer embarazada utiliza pasta de modelar y la plantilla que se proporciona al final del libro. En primer lugar, modela los pantalones utilizando 10g de pasta de color marrón claro. Haz una pieza con forma de rollito, colócala sobre la plantilla y dale la forma del pantalón, aplanando y estirando la pasta. Para hacer el zapato, modela un rollo pequeño de color rosa pálido y ahueca el centro ligeramente rodando el rollito de atrás hacia adelante. Pega el zapato en la posición requerida y asegúralo a la tarta con un poco de pegamento comestible.

12 Utiliza un poco menos de la mitad de la pasta de color beis claro para modelar una lágrima que servirá para dar forma a la

barriga. Colócala en su sitio y añade una bolita pequeña en el medio para simular el ombligo. Usando 5g de pasta de color rosa pálido, modela la camisa y pega las dos piezas en la tarta.

13 Para hacer el brazo, modela 2g de pasta de color beis claro en forma de rollo y redondea uno de los dos extremos para hacer la mano. Presiona la mano para aplastarla ligeramente y pellizca el extremo levemente para darle forma alargada. Haz un corte que llegue más o menos a la mitad de la mano para sacar el pulgar y tres cortes más para marcar el resto de los dedos. Dobla el brazo y pellizca la pasta ligeramente para sacar el codo.

14 Haz un cuello muy pequeño con la pasta de color beis claro. Divide la pasta restante de color beis claro por la mitad y con uno de los trozos modela una bola. Rueda la bola sobre la superficie de trabajo para aplanarla por la parte de la cara. Marca el lugar donde se van a colocar los ojos con el mango de un pincel. Presiona ligeramente con el pulgar la zona de la boca hacia abajo y pellizca el trozo de pasta que sobresale para marcar la

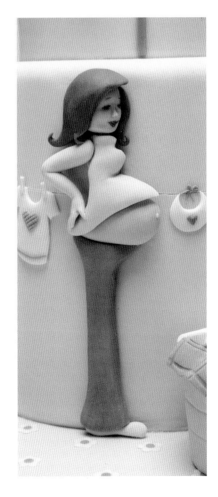

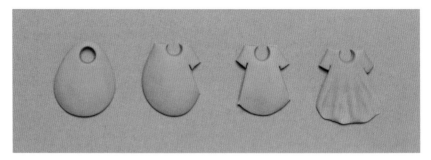

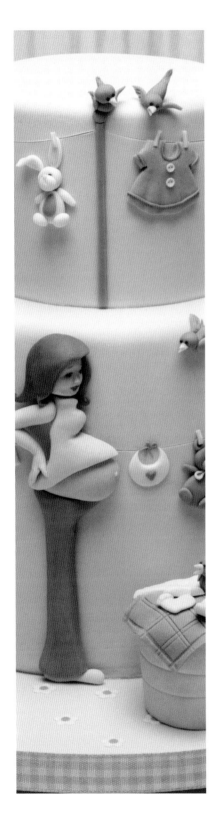

barbilla. Pega la cabeza a la tarta en el sitio que le corresponde y añade la nariz colocando un trozo muy pequeño de pasta del mismo color en forma de lágrima.

15 Para hacer el pelo utiliza la pasta de modelar de color marrón. Modela una lágrima aplanada y córtala en pico para formar un rizo. A continuación, pega esta pieza de pelo a un lado de la cara y otra pieza más pequeña al otro rizando su parte inferior. Diluye colorante rosa y negro con agua hervida o utiliza colorante líquido y un pincel fino para pintar los ojos y la boca.

Ropa de Bebé

16 **Camisetas:** Extiende una capa fina de pasta para modelar coloreada y recorta una pieza con forma de cuadrado o rectángulo dependiendo del tamaño de la camiseta. Con la ayuda de un cortante en forma de círculo, corta la forma del cuello. Finalmente, corta las mangas en ángulo a ambos lados y el largo de las camisetas con el cuchillo.

17 **Vestidos:** Recorta una pieza un poco más grande que la utilizada para las camisetas. Haz las mangas de la misma manera y marca un poco de vuelo en el bajo del vestido con ayuda de un pincel.

18 **Pantalones de peto:** Recorta una pieza con forma de rectángulo. Corta un cuadrado en la parte de arriba para marcar los tirantes. Con un cuchillo, haz un corte central en la parte de abajo para separar las piernas de los pantalones y suaviza los bordes. Por último, pega un cuadradito en el peto para simular el bolsillo y ahuécalo con el mango del pincel.

19 **Pijama de una pieza:** Recorta una pieza de pasta de modelar con forma de rectángulo, haz un corte a cada lado con el cuchillo para marcar las mangas y otro en la parte de abajo para las piernas del pantalón. Pellizca un poco la parte del final de cada pierna y dóblala hacia adelante. Marca una raya de arriba a abajo del pijama con ayuda de un palillo. También puedes usar el palillo para hacer unas rayitas en el borde de las mangas a modo de puños. Por último, corta una pieza con el cortador redondo pequeño y haz un corte en forma de V para crear el cuello.

20 **Calcetines:** Con bolitas de pasta de modelar del tamaño de un guisante, modela unos rollitos y dóblalos por la mitad. Haz un corte recto en la parte de arriba y suaviza la parte de abajo con el dedo para darle una forma más redondeada.

21 **Leotardos:** Haz un rollito de pasta de modelar y aplánalo un poco. Haz un corte con el cuchillo por la parte de abajo, justo en el centro para formar las piernas. Pellizca el final de cada pierna y dobla el trozo hacia arriba para simular los pies.

22 **Sábanas de cuna:** Corta cuadrados de diferentes tamaños y adórnalos marcando lunares con un palillo, líneas con el reverso de la hoja de un cuchillo o añadiendo piezas con forma de flores, rayas u ositos de peluche.

Juguetes

23 **Osito de peluche:** Modela una lágrima y aplánala un poco para hacer la tripita del oso. Pega dos óvalos en la parte de abajo como si fueran los pies y dos rollitos muy pequeños para los brazos. Haz dos bolitas, una más grande que la otra. La más grande servirá para la cabeza y la más pequeña para el hocico. Marca una línea en la parte de arriba del hocico con la punta de un cuchillo. Pega otras dos bolitas pequeñas en el lugar de las orejas y márcales un hueco con el mango del pincel. Modela un ovalo pequeño para hacer la nariz. Por último, recorta dos círculos pequeños de pasta negra con una boquilla nº 1,5 para hacer los ojos.

24 **Conejo:** Forma el cuerpo del conejo de la misma manera que el del osito y pega un parche con forma de lágrima aplanada

en la tripa. Para las orejas, modela dos rollitos aplanados y afilados por los extremos y marca un hueco para rellenarlo con un poco de pasta rosa. Utiliza también el rosa para hacer una bolita diminuta y colocarla de nariz.

25 **Pájaros:** Para hacer el cuerpo de los pájaros modela un trocito de pasta con forma de lágrima y haz un corte en la parte estrecha para dar forma a las plumas de la cola. Modela otras dos formas de lágrima más pequeñas y aplanadas para hacer las alas. También puedes cortar la punta para simular las plumas. Modela una bola para hacer la cabeza y añade una lágrima pequeña de color rosa; realiza un corte en el centro de esta pieza con unas tijeras pequeñas para abrir el pico. Finalmente, corta dos círculos de pasta negra con una boquilla, como se hizo anteriormente con el oso, para hacer los ojos.

Detalles

26 Para hacer los botones del vestido, modela dos bolas diminutas de pasta. Marca un hueco con ayuda de la punta del mango de un pincel y coloca la pasta

sobre el vestido. Remata los botones con dos agujeros hechos con un palillo.

27 Adorna los juguetes y la ropa con diferentes diseños utilizando los cortantes de corazones y flores. Recorta también puntos con boquillas de distintos tamaños. Prepara glasé real y divídelo en tres partes; tiñe una de color marrón claro, otra rosa pálido y la tercera de rosa fuerte. Rellena tres mangas, cada una con un color diferente, y con una boquilla nº1 decora los diferentes objetos con lazos, rayas de colores y lunares.

28 Para decorar la base de la tarta, extiende una capa fina de pasta de modelar rosa pálido y recorta piezas con forma de flor utilizando un cortante. Extiende también un trozo de pasta de color marrón claro y recorta piezas redondas con la boquilla nº4. Pega las formas de flor sobre la base y en el centro de cada flor pega un redondel marrón claro.

29 Por último, con el trocito de pasta de modelar beis claro que te ha sobrado, haz un rollito, corta pequeñas tiras y pégalas sobre la tarta como si fueran las pinzas que sujetan la ropa a la cuerda.

paquetes de ositos de peluche

Requisitos extra para cada paquete:

Materiales comestibles

Bizcocho cuadrado de 6cm de lado y de 4cm de alto

Relleno para tartas (consultar páginas 12-13)

Pasta de azúcar (*fondant*):

15g de color crema o rosa pálido (para la parte de arriba)

75g de color marrón

Pasta para modelar:

10g (para el osito)

Herramientas

Base de cartón cuadrada de 6cm

Cortante cuadrado de 6cm de lado (opcional)

30cm de cinta rosa pálido de 15mm de ancho

1 Coloca cada mini tarta sobre una base de cartón. Corta una capa y rellena a tu gusto. A continuación, cubre todo el bizcocho con el mismo relleno para sellar bien la miga y ayudar a que la pasta de azúcar se adhiera.

2 Cubre la parte de arriba de cada bizcocho con una capa de pasta de azúcar del color elegido (al menos que quieras hacer el efecto *tartan*, de tela escocesa). Utiliza una regla o un cuchillo para marcar las líneas de los cuadrados. Añade un osito en la parte superior.

3 Para crear el diseño de tela escocesa (*tartan*) extiende primero una capa fina de pasta de azúcar de color rosa pálido. Extiende también otras dos capas de al menos dos colores, como por ejemplo marrón pálido y blanco y corta tiras de diferentes anchos. Es muy importante que las tiras sean finas. A continuación, pega las tiras sobre el fondo liso, primero las marrones y luego las blancas asegurándote de que estén bien colocadas. Presiónalas un poco para

que se adhieran bien y después pasa el rodillo por encima para que se integren los colores como aparece en la imagen. Añade encima un osito modelado con pasta de azúcar.

4 Extiende la pasta de azúcar de color marrón y recorta cuatro cuadrados de 6cm de lado cada uno y levanta ligeramente las esquinas tal y como se muestra en la imagen. Puedes hacer los cuadrados con la ayuda de una regla o usando un cortante cuadrado. Pega un cuadrado en cada lado de la mini tarta y átalos con una cinta rosa pálida de 15mm de ancho. Remata cada paquete con un lazo.

truco

Como alternativa divertida, puedes decorar estos paquetitos con distintos modelos de ropa de bebé hechos con pasta de modelar.

cestas de ropa de trufa de bizcocho

Estas cestitas de trufas de bizcocho también
quedan muy bien como acompañantes.
Se elaboran del mismo modo que la cesta
que hemos preparado para decorar la tarta
principal.

la llegada de la cigüeña

Adoro la leyenda que narra como los bebés son entregados a sus padres por cigüeñas que vienen de París. Diseñar una tarta con uno de estos pájaros volando y sujetando algo en su pico es complicado, sobre todo si se busca una manera fácil de representar la escena. En este caso, las figuras están sujetas a la tarta para mayor seguridad. Por cierto, es así como llegan los niños al mundo ¿verdad?

Materiales comestibles

Un bizcocho redondo de 20cm de diámetro y 8cm de alto (consultar recetas en páginas 6-9)

Un bizcocho redondo de 15cm de diámetro y de 8cm de alto (consultar recetas en páginas 6-9)

Un bizcocho redondo de 10cm de diámetro y de 6cm de alto (consultar recetas en páginas 6-9)

450g de relleno, para las capas de relleno y para sellar la miga (consultar recetas en páginas 12-13)

Pasta de azúcar (*fondant*):

    1,6Kg de color blanco

Pasta para modelar:

    Un trozo pequeño de color negro

    5g de color amarillo claro

    10g de color beis claro

    120g de color blanco

20g de glasé real

Colorante alimentario en pasta de color azul (SK)

Colorante alimentario en polvo de color rosa (SK)

Pegamento comestible (consultar receta en página 15)

35ml (2 cucharadas) de agua fría, previamente hervida

Herramientas

Equipo básico (consultar páginas 16-18)

Base de tarta redonda de 30cm de diámetro

Tres bases de cartón redondas de 7,5cm, 13cm y 18cm de diámetro

Seis varillas de plástico aptas para uso alimentario

Brocha grande de repostería

Cartulina pequeña doblada

Papel de cocina

Boquilla nº 16 (PME) o una pajita de beber

Pinceles fino y mediano (SK)

Base de la Tarta

1 Amasa 315g de pasta de azúcar blanca hasta conseguir una consistencia suave y moldeable. Espolvorea la superficie de trabajo y la pasta de azúcar con un poquito de azúcar glas y extiende la pasta con ayuda del rodillo girándola cada vez que lo pasas para evitar que se pegue a la superficie. Repite esta acción hasta que la pasta tenga un grosor de 2-3mm aproximadamente y un tamaño suficiente como para cubrir la base.

2 Humedece la base con un poco de agua fría, previamente hervida, o con pegamento comestible. Levanta la pasta y colócala encima de la base. A continuación, alisa bien la superficie de la pasta ya pegada sobre la base con ayuda de un pulidor y recorta el exceso que sobresale por los bordes. Deja secar.

Tarta

3 Recorta la corteza del bizcocho y nivela bien la parte de arriba. Para asegurarse de que los bizcochos están perfectamente nivelados y planos en su parte superior, dales la vuelta para utilizar su base como parte superior. Corta los bizcochos en capas, aplica el relleno entre cada una de ellas y devuelve el bizcocho a su forma original. Coloca cada bizcocho en su respectiva base de cartulina y cúbrelos con crema o relleno para sellar la miga y ayudar a que la pasta de azúcar se adhiera.

4 Extiende 800g de pasta de azúcar para cubrir el bizcocho más grande por completo. Alisa la pasta de azúcar por

toda la superficie, incluyendo los laterales, evitando que se formen pliegues. Recorta el exceso de pasta alrededor de la base y con ayuda del pulidor, alisa bien toda la superficie. Coloca la tarta centrada sobre la base y asegúrala con un toque de glasé real. Cubre los otros dos bizcochos de la misma manera con la pasta de azúcar blanca sobrante.

5   Para asegurar la tarta, introduce tres varillas de plástico en la tarta más grande de tal manera que queden bien centradas y empújalas hasta que toquen la base de la tarta. Asegúrate de que estén distribuidas dentro de un diámetro de 13cm. Marca el borde que sobresale de cada varilla y a continuación, sácalas y córtalas todas a la misma altura, tomando como guía el palo de sujeción más corto. Vuelve a introducir las varillas en los mismos agujeros. Asegura también el piso mediano manteniendo los palillos de sujeción dentro de un círculo imaginario de 8cm de diámetro.

6   Coloca los pisos superiores encima de la tarta más grande y pégalos con un toque de glasé real. A continuación, diluye un poco de colorante en pasta azul en un poco de agua

fría, previamente hervida, y con una brocha grande de repostería pinta toda la superficie de la tarta, creando un efecto irregular como el cielo y oscureciendo el color a medida que te acercas a la base.

Nubes

7   Aprovecha los recortes de la pasta de azúcar blanca sobrante para modelar nubes de diferentes tamaños. En primer lugar, modela varios óvalos y aplánalos ligeramente con un alisador. Para darles forma, dobla un trozo pequeño de cartulina y utiliza el doblez para presionar el contorno de la pasta dejando que la cartulina se abra levemente. Suaviza y redondea los contornos con la yema de los dedos. Cuando hayas hecho todas las nubes, pégalas en el sitio de la tarta que les corresponda con pegamento comestible.

Cigüeña

8   Modela un rollo de unos 7cm de largo con 45g de pasta blanca. Marca una hendidura cerca de uno de los extremos

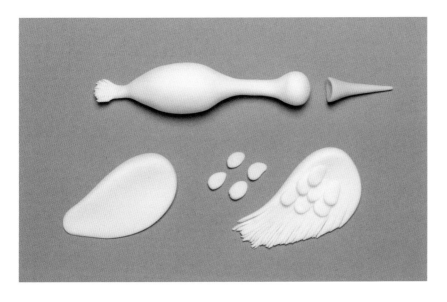
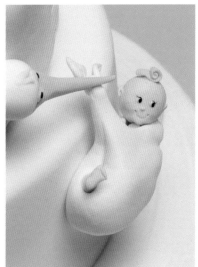

y afina dicha parte para dar forma a la cabeza y el cuello. Estrecha también el extremo opuesto y aplánalo para crear la cola de la cigüeña.

9 Haz pequeños cortes en la cola con un cuchillo para simular las plumas. Pega el cuerpo de la cigüeña a la tarta utilizando un toque de glasé real y coloca un trozo pequeño de papel de cocina debajo para sujetar la pieza hasta que se seque.

10 Para hacer las alas, divide 30g de pasta blanca en dos partes y modela una lágrima con cada trozo. Aplánalas un poco pero mantén la parte redondeada ligeramente más gruesa. Haz cortes con el cuchillo en la parte más plana del ala y pega sobre ella varias bolitas de pasta blanca aplanadas y suavizadas con la yema de los dedos para simular las plumas. Deja secar las alas durante unos minutos y pégalas con glasé real como se ha hecho anteriormente con el cuerpo.

11 Para hacer el pico, utiliza la mitad de la pasta amarilla que tienes preparada. Modela una lágrima muy alargada y haz un corte recto por la parte redondeada.

Ensancha esta parte con la yema de los dedos y deja secar unos minutos antes de pegar el pico al cuerpo.

12 Para hacer la patas de la cigüeña utiliza la pasta amarilla, pero reserva antes un pedacito del tamaño de un guisante para hacer el pelo del bebé más adelante. Divide el resto de pasta por la mitad y modela dos rollos finos. A continuación, dobla uno de los extremos y aplánalo para hacer la parte inferior de la pata. Pellizca para estrechar dicha parte y haz dos pequeños cortes al final. Repite la acción con la otra pata y pégalas en la posición requerida.

13 Pega el pico en la posición requerida y marca dos agujeros pequeños con la punta de un palillo. Para los ojos, añade dos trocitos blancos en forma de óvalo con dos puntos negros y pégalos encima del pico. Por último, pega dos lágrimas pequeñas sobre la cabeza a modo de plumas.

Portabebés

14 Reserva 5g de pasta de modelar blanca para más tarde. Con el trozo

restante, modela una lágrima redondeada para crear el paquete en el que va envuelto el bebé. Alarga la parte final de la lágrima y marca las aberturas a los dos lados del paquete con la punta del mango de un pincel. Por estos huecos saldrá la cabeza y el pie del bebé. Con la yema de los dedos marca alguna arruga para dar la apariencia de tela. Pega esta pieza a la tarta con glasé real y mantenla en la posición requerida como se ha hecho anteriormente.

Bebé

15 Introduce una bolita de pasta de color beis claro del tamaño de un guisante en el hueco que hiciste en el paquete para dar forma al cuerpo del bebé. Para la cabeza, modela 5g de la misma pasta en forma de bola y aplánala ligeramente. Marca la sonrisa en semicírculo con una boquilla nº 16 o usando una pajita de beber y utiliza después un palillo de madera para hacer los dos hoyuelos a ambos lados.

16 Modela una bolita ovalada para la nariz y otras dos un poco más alargadas para las orejas. Marca un hueco en cada

una de las orejas usando la punta de un pincel. Utiliza dos óvalos pequeños blancos y negros para los ojos y dos rollitos muy finos para las pestañas. Da color a las mejillas con colorante en polvo rosa y pega la cabeza con un toque de glasé real. Con el trozo de pasta amarilla que se había reservado previamente, modela un rollito, aplánalo ligeramente y enróllalo para hacer un rizo. Pega el rizo sobre la cabeza con un poco de pegamento comestible.

17 Modela un rollito fino con el resto de pasta beis para hacer la pierna. Dobla un extremo hacia arriba para dar forma al pie, afínalo un poco y pellizca la parte de atrás para sacar el talón. Haz pequeños cortes para los dedos del pie y suaviza los cortes con la punta de tus dedos para curvarlos ligeramente. Pega la pierna en la posición requerida.

18 A un lado del pico de la cigüeña, pega una bolita de pasta blanca para dar forma al nudo de la sábana del portabebés. Pega dos lágrimas sobre la bolita blanca del nudo y márcalas un poco con un pincel.

truco

En lugar de utilizar pequeñas piezas de pasta negra para hacer los ojos del bebé, puedes pintarlos con colorante alimentario negro diluido y un pincel extra-fino.

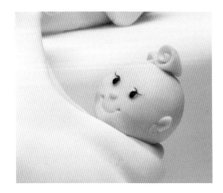

Requisitos extra para cada mini tarta:

Materiales comestibles

Bizcocho relleno con forma de media esfera de 6cm de diámetro

Relleno, mermelada o almíbar (consultar páginas 12-13)

Pasta de azúcar (*fondant*):

45g de color azul y amarillo claros

Herramientas

Cortador redondo de 10cm de diámetro (opcional)

Estropajo nuevo o alfombrilla de mimbre

mini tartas con forma de moisés, cochecito y silla de paseo

1 Puedes cortar y rellenar cada mini tarta individualmente pero, una manera más rápida de prepararlas, es aplicando almíbar, mermelada o relleno en el centro del bizcocho con una manga pastelera. Si por el contrario, prefieres que las tartas no queden demasiado dulces, una fina capa de relleno por fuera del bizcocho será suficiente.

2 Para cubrir las mini tartas con forma de media esfera, extiende un círculo de 35g de pasta de azúcar de 10cm de diámetro (si tienes que cubrir muchas mini tartas extiende una plancha de pasta de azúcar y corta muchos círculos con ayuda de un cortante). Coloca la pasta de azúcar extendida sobre la parte redondeada del bizcocho y alisa bien la superficie. La cobertura puede distorsionar un poco la forma pero el exceso de pasta se podrá cortar fácilmente.

3 Para dar textura de cesto al moisés, presiona sobre la superficie de la pasta con un estropajo o un tapete de mimbre. Para las capotas, modela 10g de pasta de azúcar en forma de rollo aplanado. Marca los pliegues con el mango de un pincel. Humedece la parte superior de la mini tarta con un poco de pegamento comestible y pega las piezas.

4 Para las almohadas, modela óvalos de pasta blanca. Aplánalos y pellizca las cuatro esquinas para darles forma.

5 Haz la cabeza del bebé de la misma forma que en el proyecto principal y pégala sobre la almohada. Modela un rollo para dar forma al cuerpo y cúbrelo con una sábana hecha con una capa fina de pasta. Si lo deseas, puedes añadir un lazo para decorar.

6 Modela un rollo de pasta y dóblalo para dar forma al asa del cochecito y la silla de paseo. Deja secar esta pieza antes de pegarla.

7 Para las ruedas, modela cuatro bolas de pasta blanca, aplánalas y marca el centro de cada una de ellas. Déjalas secar y pégalas con una bolita de pasta de azúcar o con glasé real para fijarlas de forma segura.

amor de madre

A mi nuera Rachael le hizo mucha gracia esta tarta cuando la vio por primera vez, pues opina que se aleja mucho de la realidad. Para acercarme más a la verdad tendría que haber representado a una madre exhausta, con los pelos de punta, luciendo un chándal todo manchado de vómito de bebé y llevando en brazos a un chiquitín llorón mientras sufre un terrible dolor de espalda. Ésta es probablemente la realidad pero yo prefiero la versión romántica ¡Qué bonito es soñar!

Materiales comestibles

Bizcocho redondo de 20cm de diámetro y 8cm de alto (consultar recetas en páginas 6-9)

340g de crema o relleno para las capas y para sellar la miga (consultar recetas en páginas 12-13)

Pasta de azúcar (*fondant*):

   1kg de color blanco

Pasta para modelar:

   Un trozo pequeño de color negro

   45g de color marrón claro

Un trozo pequeño de rosa muy claro

30g de beis claro

240g de blanco

40g de glasé real (SK)

Colorante alimentario en pasta o líquido de color negro, azul y marrón (SK)

Colorante alimentario en polvo de color rosa claro (SK)

Pegamento comestible (consultar receta en página 15) (SK)

Herramientas

Equipo básico (consultar páginas 16-18)

Base redonda de 30cm de diámetro

Palillo de sujeción o varilla de plástico para uso alimentario.

Pinceles extra finos nº 00, nº2, nº4 (SK)

Boquilla nº1 (PME)

Base de la Tarta

1 Amasa 315g de pasta de azúcar blanca hasta conseguir una consistencia suave y moldeable. Espolvorea la superficie de trabajo y la pasta de azúcar con un poco de azúcar glas y a continuación, estira la masa sin olvidarte de girarla cada vez que pasas el rodillo para evitar que se pegue a la superficie de trabajo. Estará lista cuando tenga el tamaño suficiente para cubrir toda la base y un grosor de 2-3mm.

2 Humedece la superficie de la base con agua fría previamente hervida o con pegamento comestible. A continuación, coloca la pasta de azúcar sobre ella y alisa bien toda la superficie con ayuda de un pulidor hasta eliminar cualquier marca o imperfección. Por último, recorta el exceso de pasta que sobresale por los bordes. Deja secar.

Tarta

3 Recorta la corteza del bizcocho sin olvidarte de nivelar bien la capa de arriba. Corta el bizcocho en capas, rellénalas y vuelve a colocarlas en su sitio para devolver el bizcocho a su forma original. Por último, recubre todo el bizcocho con una capa de crema o relleno para sellar la miga y ayudar a que la pasta de azúcar se adhiera.

4 Coloca la tarta centrada en la base. Extiende la pasta blanca sobrante y cubre el bizcocho completamente, suavizando bien los bordes y estirando los pliegues hacia abajo. Recorta el exceso de pasta por el borde de la tarta cuidando de no estropear la cobertura de la base. Alisa toda la superficie con un pulidor.

5 Aplica una línea de pegamento comestible a una altura de 1,5cm sobre la base de la tarta para colocar una cinta de

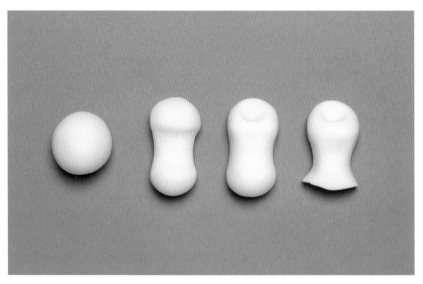

truco

Si te preocupa dejar marcas en la base al cubrir el bizcocho con la pasta de azúcar, coloca una base de cartón del mismo tamaño debajo de la tarta. Cubre el bizcocho, recorta el exceso de pasta y coloca la tarta centrada en la base cubierta con pasta de azúcar asegurándola con un toque de glasé real.

pasta de azúcar. Para hacer dicha cinta, haz un rollo largo con pasta para modelar de color marrón claro y aplánalo con un rodillo. Recorta una tira larga y estrecha del mismo tamaño que el contorno de la tarta (para medir, te puedes ayudar de un hilo o cuerda) y pégala de tal forma que la unión de los dos extremos queda en el frente, ya que es ahí donde colocaremos el lazo.

6 Para hacer el lazo, convierte dos trocitos de pasta para modelar color marrón claro del tamaño de un guisante en dos rollitos afinados por sus extremos. Aplánalos y pégalos en forma de lazo con una bola pequeña en el centro para simular el nudo.

Madre

7 Para hacer la falda del vestido, modela 200g de pasta blanca en forma de rollo de 13cm de largo. Aplana el rollo ligeramente y utiliza el rodillo para dar forma al vestido y convertirlo en una capa fina. Marca varios pliegues acariciando la pasta con la yema de los dedos y pega la falda a la tarta con pegamento comestible. No olvides levantar un poco la parte superior de la falda para colocar más adelante el cuerpo. A continuación, introduce un palillo de sujeción por la falda ligeramente inclinado para estabilizar la figura.

8 Para hacer el corpiño modela un óvalo con 30g de pasta blanca. Hazlo rodar sobre la superficie de trabajo presionando en el centro con el dedo para estrecharlo y dar forma a la cintura. Aplana un poco la espalda. Marca con el dedo la zona del cuello. Haz un corte recto en el extremo contrario y pellizca el borde

para estrecharlo y que encaje bien con la pieza de la falda. Humedece el palillo con pegamento comestible y clava el corpiño, asegurándote de que el palillo sobresale por la zona del pecho.

Manta del Bebé

9 Reserva una bolita pequeña de pasta de modelar blanca para después y modela un óvalo con la pasta sobrante. Aplánalo ligeramente y presiona con la yema de los dedos para marcar el hueco en el que irá colocada la cabeza del bebé. Pellizca suavemente el borde para afinarlo y darle forma y alisa el resto de la manta. Finalmente, pégala sobre la tarta al lado de la falda de la madre.

Cuello

10 Modela una bola de 2g de pasta de color beis claro y pellizca suavemente para dar forma al cuello. Abre un agujero en el centro del cuello empujando un palillo de cóctel y retorciéndolo hasta abrir un agujero lo suficientemente grande como

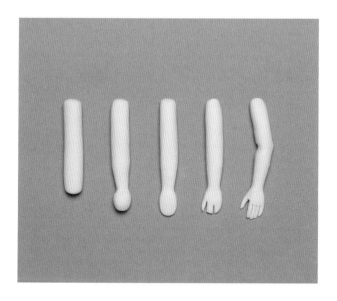

para encajar en el palo de sujeción que se ha introducido previamente. Humedece la zona del pecho con pegamento comestible y atraviesa el cuello con el palo de sujeción, asegurándote de suavizar los bordes para que encajen bien las dos piezas.

Brazos

11 Divide un trozo de pasta de modelar beis de 10g en dos partes iguales. Para dar forma al brazo, haz un rollo de 5cm con uno de los trozos (el brazo será más largo cuando esté terminado). Pellizca un extremo del rollo para marcar la mano y afina la pasta a la altura de la muñeca. Aplana un poco la mano.

12 Haz un corte recto a un lado de la mano para obtener el pulgar (que no sobrepase la mitad de la mano) y otros tres cortes más pequeños para hacer el resto de los dedos. Modela cada dedo y lleva el pulgar hacia la palma para dar forma a la mano. A continuación, afina el brazo hacia la mitad para marcar el codo. Por último, haz un corte en diagonal en el extremo opuesto a la mano para que encaje bien

cuando la tengas que pegar al cuerpo. Haz el otro brazo siguiendo los mismos pasos, pero cortando los dedos en el lado opuesto de la mano.

Cara

13 Modela 10g de pasta de color beis claro en forma de óvalo y hazlo rodar sobre la superficie de trabajo para aplanar un poco el área de la cara. Acaricia hacia abajo y pellizca suavemente un lado para dar forma a la barbilla. Marca la zona de los ojos y por último, haz un agujero en la parte inferior para poder insertar el palo de sujeción.

14 Para hacer la boca, modela un trocito pequeño de pasta rosa muy claro (guarda un poco para la boca del bebé) en forma de rollo con los extremos afinados. Aplánalo un poco y pégalo en la cara. Marca la separación de los labios con la hoja de un cuchillo y haz los hoyuelos con la punta del mismo. Abre la boca ligeramente con un pincel y perfila la parte superior de los labios.

 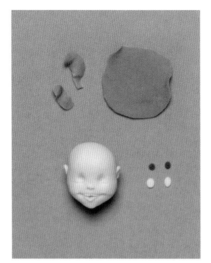 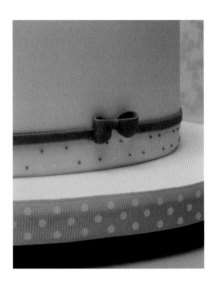

15 Para la nariz, modela una lágrima diminuta con pasta de color beis claro y utiliza pegamento comestible para colocarla en su sitio. A continuación, abre los orificios con la punta de un palillo o con una esteca para modelar.

16 Añade dos bolitas pequeñas de pasta blanca en la zona de los ojos y suavízalas hasta que estén integradas en la cara. Con la punta de un cuchillo marca una rayita fina en la parte inferior de cada ojo. Para los párpados, haz una bolita de pasta beis clara, aplánala y córtala por la mitad en dos trozos iguales. Pega cada mitad encima de los ojos, asegurándote de que el corte recto queda hacia abajo. Añade dos puntos negros para las pupilas y dos líneas finas de pasta marrón para las cejas. Si lo prefieres, puedes pintarlas con ayuda de un pincel extrafino y colorante marrón en pasta diluido o colorante líquido.

Bebé

17 Utiliza 5g de pasta de modelar de color beis claro para hacer la cabeza y los rasgos faciales del bebé siguiendo las mismas instrucciones que para la figura de la madre. Modela dos óvalos pequeños para las orejas, dales forma con el mango de un pincel y únelos a la cabeza a la misma altura que la nariz. Pega la cabeza del bebé sobre la manta dejando un poco de espacio para el brazo, el cual se moldeará con la pasta beis sobrante y siguiendo los mismos pasos que antes. La forma de la mano del bebé deberá ser más redonda.

Pelo

18 Para hacer el pelo de la madre, modela varias lágrimas de diferentes tamaños con pasta marrón. Aplánalas y pégalas de una en una sobre la cabeza marcando la raya del pelo a un lado. En el caso del bebé, añade mechones de pelo mucho más pequeños, sobre todo por la parte de arriba de la cabeza. Alisa el pelo alrededor de las orejas con la ayuda de un pincel.

Toques Finales

19 Da color a las mejillas de la madre y del bebé con colorante en polvo rosa claro. Diluye un poco de colorante en pasta negro o utiliza colorante líquido para pintar las pestañas con un pincel extrafino.

20 Divide el glasé real en dos recipientes; colorea 20g de marrón claro y los otros 20g de azul claro utilizando colorantes alimentarios en pasta o líquidos. Llena dos mangas pasteleras con una boquilla nº1 y decora con puntos azules y marrones el borde inferior de la tarta.

truco

Si no quieres utilizar glasé real, puedes confeccionar los puntos azules y marrones recortando pequeños círculos de pasta con una boquilla.

mini tartas con bebés

Requisitos extra para cada mini tarta:

Materiales comestibles

Bizcocho de 6cm de diámetro y 5cm de alto

45g de crema o relleno (consultar recetas en páginas 12-13)

Pasta de azúcar (*fondant*):

   100g de azul claro, blanco o el color que prefieras (para cubrir la base de cartón y la tarta)

Herramientas

Base de cartón de 10cm de diámetro

1 Cubre la base de cartón con una capa fina de pasta de azúcar de color blanco o azul claro. Recorta la parte sobrante de los bordes y deja secar.

2 Aplica relleno entre las capas del bizcocho (esto hará que la mini tarta se haga un poco más alta). Cubre la tarta y alisa bien la pasta con un pulidor para eliminar cualquier marca o imperfección. Recorta el exceso de pasta de los bordes con un cuchillo pequeño y afilado o usando un cortante redondo del tamaño de la mini tarta. Coloca la mini tarta sobre la base de cartón forrada con pasta de azúcar.

3 Modela el bebé y la manta siguiendo las mismas instrucciones que para el proyecto principal y pégalo encima de la mini tarta. Puedes variar las expresiones de la cara, añadir una manita como si el bebé se estuviera chupando el dedo o abrir un agujero en la boca con la punta del mango de un pincel para simular que está bostezando.

4 Para disimular la unión entre la mini tarta y la base de cartón, haz una cinta con un lazo de pasta de azúcar y pégala alrededor como se ha hecho para la tarta grande.

bebés llorones

Como yo también soy madre, tenía que dejar a un lado mis ideas románticas de la maternidad y enfrentarme a la realidad de las cosas. Fue muy divertido crear estos bebés llenos de expresividad con sus inmensas bocas abiertas, mostrando la campanilla y con lágrimas por todos los lados. He añadido además, algún que otro charco porque no parece que estos pequeñajos vayan a dejar de llorar pronto.

Materiales comestibles

2 bizcochos redondos de 10cm y 20cm de diámetro respectivamente, ambos de 6-7cm de alto (consultar recetas en páginas 6-9)

450g de crema o relleno para sellar la miga (consultar recetas en páginas 12-13)

75g de pasta de arroz inflado y nubes o *marshmallows* (consultar receta en página 10)

Pasta de azúcar (*fondant*):

   1,25kg de color blanco

   150g de color beis claro

Pasta para modelar:

   250g de color beis claro

   65g de color blanco

   5g de color negro

   35g de color azul claro

   Pequeños trozos de rojo, rosa y marrón

Pegamento comestible (consultar receta en página 15) (SK)

Colorante alimentario en pasta de color blanco (SK)

Colorante alimentario en polvo rosa claro (SK)

Herramientas

Equipo básico (consultar páginas 16-18)

Base de tarta redonda de 30cm de diámetro

Base de cartón de 10cm de diámetro

3 palos de sujeción aptos para uso alimentario

7 palos de papel para piruleta

Plantilla para la boca (consultar página 111)

Cortante redondo de 2,5cm de diámetro

Pinceles fino y medio (SK)

Palillos de madera

Papel de cocina

Base de la Tarta

1 Amasa 315g de pasta de azúcar blanca hasta conseguir una consistencia suave y moldeable. Espolvorea con un poco de azúcar glas la superficie de trabajo y la parte superior de la pasta de azúcar y estira la masa con ayuda del rodillo sin olvidarte de girar la masa después de cada pasada para evitar que se pegue a la superficie de trabajo. Estará lista cuando tenga el tamaño suficiente para cubrir la base entera y un grosor de 2-3mm.

2 Humedece la superficie de la base con agua fría, previamente hervida, o con pegamento comestible. A continuación, coloca la pasta de azúcar sobre ella y alisa bien toda la superficie con ayuda de un pulidor hasta que no tenga ninguna marca. Por último, recorta el exceso de pasta que sobresale por los bordes. Deja secar.

Tarta

3 Recorta la corteza del bizcocho sin olvidarte de nivelar bien la capa de arriba. Corta el bizcocho en capas, rellénalas y

vuelve a ponerlas en su sitio para devolver el bizcocho a su forma original. Cubre con relleno los dos bizcochos para sellar la miga y ayudar a que la pasta de azúcar se adhiera. Coloca la tarta más pequeña sobre la base de cartulina y deja secar.

4 Extiende 750g de pasta de azúcar blanca y cubre el bizcocho grande. Alisa bien toda la pasta y asegúrate de que no se formen pliegues. Recorta el exceso por el borde inferior de la tarta y alisa la superficie con un pulidor para eliminar posibles marcas o imperfecciones.

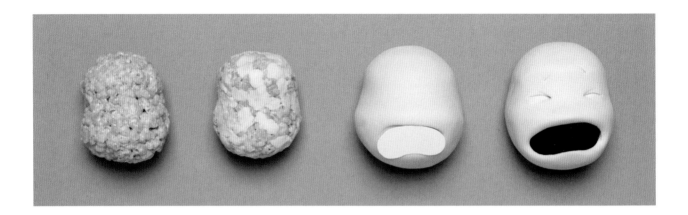

5 Introduce los palos de sujeción en el centro de la tarta grande tomando como medida un círculo imaginario del tamaño de la base de cartulina de la tarta pequeña. Marca la altura en los palos y retíralos. Si las marcas no están a la misma altura, corta por la marca más baja para asegurarse de que el segundo piso está nivelado. Por último, coloca otra vez los palos en el interior de la tarta.

6 Utiliza la pasta de azúcar blanca sobrante para cubrir el bizcocho pequeño de la misma manera que el grande. A continuación, colócalo centrado sobre la tarta grande y asegúralo con un poco de pegamento comestible. Extiende una capa de pasta para modelar azul y recorta formas curvas a modo de charcos. Pégalos sobre la base de las dos tartas. Reserva un poco de pasta azul para elaborar las lágrimas de los bebés más adelante.

Cabezas

7 Utiliza 25g de pasta de arroz inflado y nubes o *marshmallows* para cada cabeza y aprovecha cuando la pasta está aún templada para darle forma de bola (consultar receta en página 10). Con un rodillo, aplánala un poco por el centro, apretando suavemente de lado a lado, en la zona donde irán los ojos, justo por

encima de la mitad de la bola. Introduce 4cm de un palillo de piruleta por la base de la cabeza para hacer un agujero y retira el palo. Haz tres cabezas y déjalas secar durante unos 10 minutos. Acto seguido, rellena cualquier zona que haya quedado desigual con pequeños trozos de pasta de azúcar de color beis claro.

8 Extiende 50g de pasta de azúcar de color beis claro y cubre cada una de las cabezas por completo. Alisa bien la pasta por el área de la cara y procura que la unión de la pasta quede en la parte de atrás, lo más cerca de la base. Recorta el exceso de pasta y alisa la unión con los dedos para eliminar pliegues y marcas. Repite estos pasos con el resto de cabezas.

9 Con ayuda de la plantilla, recorta la forma de la boca abierta para dos de los bebés y rellena esta parte con una capa fina de pasta de modelar negra. Marca los ojos cerrados con el reverso de la hoja de un cuchillo y haz un pequeño corte en la parte superior del ojo para simular el párpado. Por último, marca las cejas con la punta del cuchillo.

10 Para la cara del bebé que no está gritando, marca la mueca de la boca con un cortante redondo y suaviza el borde del corte con ayuda de un pincel húmedo.

Para dar forma al labio inferior, presiona ligeramente la pasta hacia arriba y suaviza de nuevo la marca con el pincel. Marca los huecos de los ojos con un bolillo o una esteca de hueso.

11 Pega una pequeña forma ovalada de pasta para la nariz en cada cabeza y marca los orificios con la punta del mango de un pincel o con una esteca en punta. Para las orejas utiliza también óvalos. Da forma a cada oreja con un bolillo y pégalas a cada lado de la cabeza a la misma altura que la nariz.

12 Pega dos pequeños óvalos de pasta blanca en las cavidades de los ojos del bebé que no está gritando y añade otros dos óvalos más pequeños de color negro para las pupilas. Marca los ojos cerrados de los otros dos bebés con la punta de un

truco

Si lo prefieres, puedes pintar las pestañas con colorante en pasta negro diluido o colorante líquido y un pincel fino. No te preocupes si te equivocas, ya que el color negro se puede eliminar con un pincel limpio y húmedo.

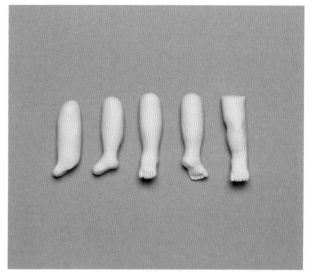

cuchillo. Bordea todos los ojos con un rollito diminuto de pasta negra para simular las pestañas. Por último, pinta un punto blanco en el bebé que tiene los ojos abiertos con colorante en pasta blanco y un pincel muy fino para darle brillo a la mirada.

13 Para la campanilla de la garganta, modela dos rollitos de pasta roja, redondea los extremos, dóblalos por la mitad y aplánalos un poco. Corta cuadraditos pequeños de pasta blanca para hacer los dientes y pega cada pieza en la boca con un poco de pegamento comestible.

14 Da color a las mejillas con un pincel plano y seco y colorante en polvo rosa. Modela pequeñas lágrimas con la pasta azul claro y colócalas alrededor de los ojos para simular las lágrimas.

Cuerpos

15 Se necesitan 45g de pasta de modelar de color beis claro para cada cuerpo. Modela una forma de lágrima redondeada y alarga un poco la punta para hacer el cuello. Haz un agujero con un palillo en el

cuello y ensánchalo un poco hasta que tenga el tamaño suficiente para poder introducir un palillo de piruleta. Humedece dicho palillo con pegamento comestible e introdúcelo en el cuerpo dejando que sobresalga una parte para poder clavar la cabeza más adelante. Afina un poco la parte superior del cuerpo y redondea la parte inferior para dar forma a la barriga. Marca el ombligo con un palillo.

Piernas

16 Utiliza 15g de pasta de color beis claro para cada par de piernas. Para hacer una pierna, modela un rollo de no más de 4cm de largo. Dobla uno de los extremos para formar el pie y afina esta parte para marcar el talón. Estrecha un poco la pieza para dar forma a la pierna.

17 Corta primero el dedo gordo del pie, tira un poco hacia afuera y redondéalo a la vez que suavizas los bordes. Aplana el resto de la pasta del pie y haz cuarto cortes para simular los dedos. Redondea cada uno de los deditos. Pellizca la pasta hacia la mitad de la pierna y dóblala ligeramente

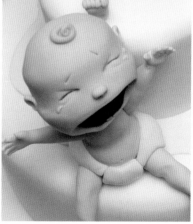

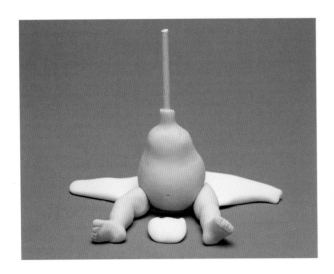

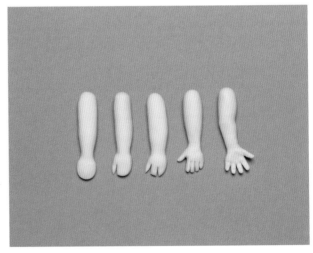

para dar forma a la rodilla. Utiliza el mango de un pincel o una esteca para ahuecar levemente la zona entre el pie y la pierna y dar así forma al tobillo. La pierna entera debe medir en torno a 5cm de largo. Haz el resto de piernas (izquierda y derecha) y déjalas secar.

Pañal

18 Modela un rollo con 20g de pasta blanca y afina un poco los extremos. Con ayuda de un rodillo aplánalo hasta que mida 13cm de largo. Coloca uno de los cuerpos de bebé junto con las piernas sobre el pañal y humedece la pasta blanca con pegamento comestible. Envuelve el pañal alrededor del cuerpo y cubriendo también la parte superior de las piernas. Añade una pequeña forma ovalada de pasta blanca en el hueco entre las piernas y marca los pliegues del pañal.

Brazos

19 Los brazos van a necesitar una sujeción interna, así que introduce un palillo de piruleta a cada lado del cuerpo de los bebés que gritan y deja que sobresalga unos 3cm. Para modelar los brazos, divide la pasta beis clara sobrante en seis pedazos del mismo tamaño. Modela cada pieza en forma de rollo de 4cm de largo. Afina la pasta cerca del extremo y aplana el trozo que ha quedado en la punta para formar la mano. Haz un corte a un lado para sacar el pulgar y otros tres cortes para el resto de dedos. Por último, redondea suavemente cada dedo.

20 Pellizca la pasta a medio camino entre la muñeca y la parte superior del brazo para marcar el codo. Humedece el trozo de palo de piruleta que sobresale del cuerpo con pegamento comestible. A continuación, haz un agujero pequeño en el brazo con un palillo y ensánchalo para que tenga el tamaño del palo de piruleta e introdúcelo para unir ambas partes. Repite los mismos pasos para hacer el resto de brazos (izquierdo y derecho). En el caso del bebé con la boca cerrada, dobla el brazo con cuidado y sujétalo con papel de cocina hasta que se seque. Humedece todos los puntos de unión de los brazos con pegamento comestible y suaviza la unión acariciando la pasta con movimientos circulares.

Pelo

21 Introduce la cabeza en cada cuerpo y asegúralas con un poco de pegamento comestible. Para el bebé moreno, modela dos rollos pequeños de pasta marrón y pégalos sobre la cabeza. Con una bolita de pasta amarilla del tamaño de un guisante, da forma al rizo del otro bebé. Por último, para el bebé situado en la parte superior de la tarta, pega una lágrima de pasta amarilla sobre su cabeza y suaviza la unión con un pincel húmedo. Añade también un pequeño rizo en la frente.

Lazo

22 Modela dos rollos de pasta de azúcar rosa, aplánalos y dóblalos hacia dentro en forma de lazo. Añade una bolita pequeña de pasta rosa al mechón de pelo y pega sobre ésta los dos trozos del lazo. Finaliza añadiendo una lágrima amarilla por encima.

mini tartas de bolsas para pañales

Requisitos extra para cada bolsa:

Materiales comestibles

Una pieza de bizcocho rectangular de 7cm x 5cm y de 2,5cm de alto, relleno a tu gusto (consultar recetas en páginas 12-13)

Pasta de azúcar (*fondant*):

90g de azul claro, amarillo claro o blanco

1 Para cubrir el bizcocho, extiende 90g de pasta de azúcar en una capa fina y corta un rectángulo de 14cm x 18cm. Coloca el bizcocho sobre la mitad inferior del rectángulo de pasta tal y como se indica en la foto y envuélvelo. Para ello, aplica pegamento comestible en el bizcocho y dobla primero la pasta que queda a los lados. Dobla hacia arriba el trozo que queda por debajo del bizcocho y por último, dobla la parte de arriba de tal forma que ésta simule la solapa de la bolsa.

2 Con los recortes de pasta sobrantes, extiende una fina capa y recorta las bandoleras y los bolsillos para decorar las bolsas. Llegados a este punto, también se pueden modelar pequeños detalles como biberones, patitos u ositos de peluche para meter en los bolsillos.

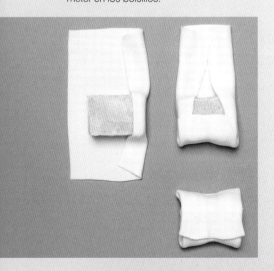

caritas de bebé

Para hacer estas caritas de bebé, cubre bizcochos con
forma semiesférica de 7cm de diámetro con 35g de pasta
de azúcar de color beis claro y haz los rasgos de la cara
siguiendo las mismas instrucciones que para las caras
de los bebés de la tarta grande. Modela un chupete con
pasta de azúcar y utiliza una bola de pasta de modelar
para la base. Coloca cada mini tarta sobre una base de
cartón o sobre un círculo de papel encerado.

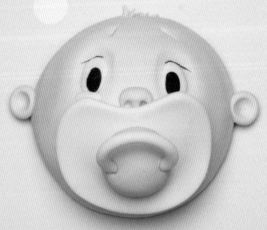

chupetes

Requisitos extra para cada chupete:

Materiales comestibles

Bizcocho con forma semiesférica de 7cm de diámetro (horneado en un molde de silicona para horno)

Un poco de relleno de tarta (consulta recetas en las páginas 12-13)

Pasta de azúcar (*fondant*):

   35g de colores a elección

Pasta para modelar:

   50g de un color a elección

   10g de color beis claro

Colorante alimentario líquido o en pasta de color negro (SK) (opcional)

1 Nivela bien la parte plana del bizcocho y cubre la superficie con una capa de relleno. Extiende 35g de pasta de azúcar y cubre la parte redondeada del bizcocho dejando la otra parte sólo con el relleno.

2 Para hacer la parte plana del chupete extiende una capa gruesa de 45g de pasta de modelar y recorta un círculo de 8cm de diámetro. Recorta un trocito redondeado y suavízalo con la yema de los dedos para que quede así la forma para la nariz. Deja secar esta pieza en plano antes de colocarla. Modela un rollo pequeño del mismo color, haz un círculo para simular el asa y pégalo en su sitio. Para variar en la manera de decorar los chupetes, puedes pintar uno de ellos con lunares utilizando colorante alimentario líquido o en pasta.

3 Por último modela una lágrima con pasta de color beis claro para hacer la tetina. Corta la punta de la lágrima, deja que se seque un poco y finalmente pégala en su sitio.

bebé en una vaina

En un principio, no estuve muy segura del diseño de este proyecto, porque, aunque se trate de una tarta, la idea de cortar la cabeza de un bebé me resultaba un tanto extraña y cruel. Pero como el diseño que tenía en mi cabeza me parecía muy entrañable, decidí seguir adelante y hacer la cabeza de pasta de arroz inflado y nubes para evitar que eso pase.

Materiales comestibles

2 bizcochos con forma semiesférica de 15cm de diámetro (consultar recetas en páginas 6-9)

400g de relleno/capa para sellar la miga (consultar recetas en páginas 12-13)

225g de pasta de arroz inflado y nubes o *marshmallows* (consultar receta en página 10)

Pasta de azúcar (*fondant*):

   800g de color beis claro

   315g de blanco

Pasta de modelar:

   2g (una pizca) de negro

   2g (una pizca) de marrón

   500g de verde

   145g de beis claro

Pegamento comestible (consultar receta en página 15) de Squires Kitchen (SK)

Colorante alimentario en pasta blanco

Colorante alimentario en polvo rosa claro (SK)

Herramientas

Equipo básico (consultar páginas 16-18)

Base redonda para tarta de 30cm de diámetro

Palillo de sujeción apto para uso alimentario

Pinceles fino y mediano (SK)

Varios palillos de madera

Base

1 Amasa la pasta de azúcar blanca hasta conseguir una consistencia suave y moldeable. Espolvorea la superficie de trabajo y la pasta con un poco de azúcar glas y a continuación, estira la pasta sin olvidarte de girarla cada vez que pasas el rodillo para evitar que se pegue a la superficie de trabajo. Estará lista cuando tenga el tamaño suficiente para cubrir toda la base y un grosor de 2-3mm.

2 Humedece la base con agua fría, previamente hervida, o con pegamento comestible. A continuación, coloca la pasta de azúcar sobre ella y alisa bien toda la superficie con ayuda de un pulidor hasta eliminar cualquier marca o imperfección. Por último, recorta el exceso de pasta que sobresale por los bordes y deja secar.

Cabeza del Bebé

3 Haz la masa de arroz inflado y nubes siguiendo la receta. Mientras la masa está todavía caliente, modela un óvalo de 10cm x 13cm. Apóyalo sobre la superficie de trabajo y ruédalo suavemente para que se aplane un poco por un lado; esta parte será la cara del bebé. Cuando la masa esté todavía blanda, introduce un palo de sujeción por la parte inferior y hasta la mitad para sujetar más tarde la cabeza. Retira el palo y deja secar.

4 Cuando la cabeza esté lista, rellena cualquier zona que haya quedado desigual con pequeños trozos de pasta de azúcar de color beis claro para preparar la superficie antes de cubrirla con pasta de azúcar. Abulta la zona de la boca con un óvalo modelado con una pizca de pasta de color beis claro y pégalo en la mitad inferior de la cara con pegamento comestible.

5 Pincela la superficie con un poco de pegamento comestible. Extiende 175g de pasta de azúcar beis claro y cubre la parte de la cara y la mitad inferior de la cabeza. Suaviza bien los bordes y alisa la zona de la boca. Marca el centro de la boca con el reverso de la hoja de un cuchillo y los hoyuelos con la punta del mismo. Vuelve a alisar la superficie para que no queden marcas y da forma a los labios con un pincel húmedo.

6 Modela un óvalo pequeño con la pasta sobrante y pégalo en la cara para simular la nariz. A continuación, haz los agujeritos con la punta del mango de un pincel. Con la yema de los dedos marca las cavidades de los ojos y alisa bien alrededor de cada una de ellas. Reserva la cabeza para más adelante.

Cuerpo

7 Recorta la corteza de cada bizcocho y nivela bien su parte superior. Corta una capa en cada bizcocho y coloca uno encima del otro para obtener una forma de bola. Recorta el bizcocho alrededor de su mitad superior para estrecharlo y dar forma a la zona del pecho y los hombros. Une las capas con relleno y unta otra fina capa de relleno por toda la superficie para ayudar a que la pasta de azúcar se adhiera más adelante.

8 Extiende 625g de pasta de azúcar de color beis claro y cubre el bizcocho por completo. Alisa bien la pasta y procura que no queden pliegues. Recorta cualquier sobrante de pasta y utiliza un pulidor o una bola pequeña de pasta de azúcar impregnada con azúcar glas para, con movimientos circulares, alisar toda la superficie y eliminar cualquier marca o imperfección. Marca el ombligo

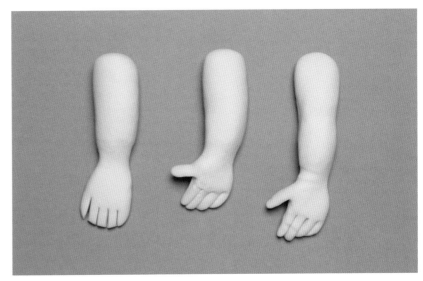

presionando la pasta con la yema del dedo.

9 Levanta la tarta con cuidado y pégala en el centro de la base con un poco de pegamento comestible. Introduce el palo de sujeción a través del cuerpo dejando que sobresalga por la parte superior para, a continuación, clavar la cabeza.

10 La vaina está compuesta por dos partes. Primero divide 300g de pasta de modelar verde por la mitad y reserva uno de los trozos para hacer el gorro más adelante. Modela un rollo con el otro trozo de pasta verde y estrecha ambos extremos. Pasa el rodillo por encima para aplanarlo hasta que tenga un tamaño de 30cm de largo y 9cm de ancho en la parte central. Haz este paso con cuidado para evitar que la pasta se deforme. De ser así, tendrás que volver a modelar el rollo. Suaviza bien los bordes de esta pieza para redondearlos y repite la acción con el lado opuesto.

11 Humedece con pegamento comestible la mitad inferior del cuerpo del bebé. Deja que el pegamento se

seque durante uno o dos minutos (así nos aseguramos de que los laterales se van a pegar correctamente). Coloca las dos piezas a los lados del cuerpo del bebé y finalmente pega sus extremos.

Brazos

12 Divide la pasta de modelar color beis claro en dos partes para hacer los brazos. En primer lugar, modela una bola lisa y sin marcas y conviértela después en un rollo con uno de sus extremos redondeados para dar forma a la mano más adelante. Afina la pasta justo por encima de la mano para marcar la muñeca.

13 Haz un corte recto a un lado para sacar el pulgar hasta más o menos la mitad de la mano. Marca el resto de los dedos en la porción de mano restante con cortes rectos pero más cortos que el del pulgar.

14 Modela suavemente cada dedo y redondea las puntas. Ejerce un poco más de presión para marcar los nudillos y marca también las uñas presionando con

el extremo del mango de un pincel. Empuja el pulgar ligeramente hacia la palma para dar forma a toda la mano. Por último, pasa el mango del pincel por encima de la muñeca para marcar los pliegues.

15 Par dar forma a los codos, haz una pequeña hendidura a medio camino entre la mano y el hombro, pellizca un poco la pasta por la parte exterior de la hendidura y redondea suavemente el hombro. Humedece la parte del cuerpo donde van pegados los brazos con pegamento comestible y, pasados un par de minutos, coloca los brazos y mantenlos en la posición requerida hasta que se peguen.

Ojos

16 Dependiendo de lo profundas que hayas marcado las cuencas de los ojos, modela dos óvalos pequeños con pasta blanca para rellenarlas. Añade dos círculos aplanados de pasta marrón en la mitad inferior del ojo y a continuación, dos puntos negros para las pupilas. Utiliza pasta de modelar negra para hacer las pestañas muy finas. Para dar expresión a la mirada,

mini tartas con forma de guisante

pinta un puntito blanco sobre cada ojo con un pincel fino y colorante alimentario en pasta.

Gorro

17 Humedece la mitad superior de la cabeza del bebé con pegamento comestible. Modela el resto de pasta verde en forma ovalada y cubre con ella la cabeza, suavizando los bordes y creando una punta en la parte superior. Recorta el exceso de pasta por la parte trasera y alisa la unión.

18 Aprovechando los recortes verdes sobrantes, modela tallos y rizos para decorar la base de la tarta. Por último, da color a los labios y mejillas del bebé con un poco de colorante rosa en polvo.

Requisitos extra para cada mini tarta:

Materiales comestibles

2 bizcochos con forma de media esfera de 7cm de diámetro

Un poco de relleno (consultar recetas en páginas 12-13)

Pasta de azúcar (*fondant*):

65g de color verde (para el cuerpo y el gorro)

Pasta para modelar:

5g de color negro/marrón/amarillo claro (para el pelo)

55g de color marrón/beis claro (para la cabeza y los brazos)

1 Para hacer una mini tarta con forma redonda, une dos bizcochos con forma de media esfera de 7cm de diámetro con el relleno elegido. Cubre toda la superficie de la bola con el mismo relleno para que la pasta de azúcar se adhiera.

2 Utiliza 60g de pasta de azúcar verde para cubrir cada bola por completo. Alisa bien toda la superficie haciendo rodar la

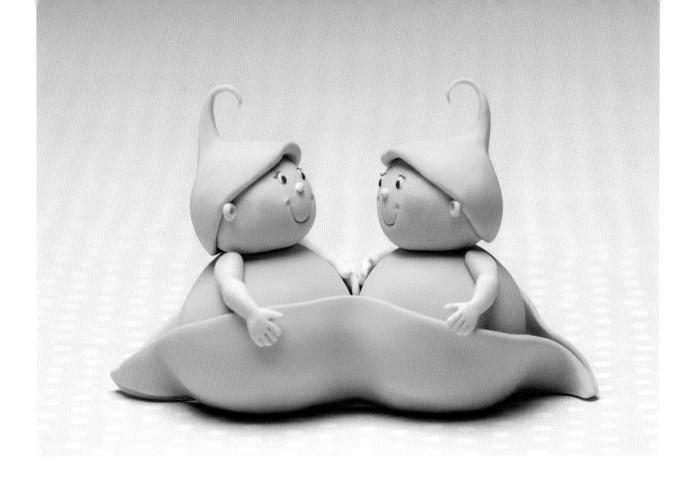

truco

Puedes sustituir el bizcocho por bolas hechas con masa de arroz inflado y nubes o *marshmallows*. Simplemente modela una bola con 60g de esta mezcla o rellena un molde de silicona con forma de semiesfera de 7cm de diámetro para unir después las dos mitades mientras aún están blandas y calientes.

bola entre tus manos y pasando un trocito de pasta cubierta de azúcar glas con movimientos circulares.

3 Modela cada cabeza en forma de óvalo con 45g de pasta de color beis claro o marrón. Marca la sonrisa en la mitad inferior de la cara con un cortante circular. Utiliza el mango de un pincel para marcar

los hoyuelos a ambos lados. Para la nariz, modela una pieza pequeña de pasta ovalada y pégala a la cara con un poco de pegamento comestible.

4 Marca las cuencas de los ojos con ayuda de un bolillo o una esteca en forma de hueso y a continuación, rellena los huecos con dos óvalos de pasta de modelar blanca. Añade dos óvalos negros más pequeños para las pupilas. Para las pestañas, modela un rollito muy fino rodando la pasta de modelar negra con los dedos índice y pulgar. Pega las pestañas en el borde superior del ojo y riza los extremos hacia arriba para darles forma. Finalmente, da color a las mejillas con un poco de colorante alimentario en polvo rosa.

5 Para hacer el gorro, modela una bola de pasta verde, ahueca su parte inferior y a continuación, pellizca y suaviza el contorno para ensanchar el borde. Pellizca la pasta en la parte superior para sacar la punta.

6 Para el pelo, pega trozos pequeños y planos de pasta de modelar del color elegido y marca líneas con el mango de un pincel. Para hacer un pelo rizado, abre un paquete nuevo de pasta de azúcar y córtala en rodajas para colocarlas sobre la cabeza. Utiliza también un pincel para dar forma al pelo.

7 Divide 10g de pasta de modelar de color beis claro para cada par de brazos. Sigue las mismas instrucciones que para los brazos de la tarta principal.

Dos Guisantes en una Misma Vaina

Cubre dos bizcochos pequeños con forma de bola y pégalos juntos, uno al lado del otro. Para la vaina, haz dos piezas siguiendo los mismos pasos que para el proyecto principal y utilizando 35g de pasta de modelar verde para cada una.

caja de juguetes

La primera caja de juguetes de un niño, llena de peluches y otros muchos objetos, tiene un significado simbólico y especial en la infancia de nuestros hijos. En este caso, he decorado la caja con animales de granja, pero si no tienes demasiado tiempo, también puedes adornarla con una estrella, un corazón grande o incluso el nombre del bebé utilizando cortantes con forma de letra.

Materiales comestibles

2 bizcochos cuadrados de 15cm de lado y 6cm de alto (consultar recetas en páginas 6-9)

400g de relleno para el interior y para sellar la miga (consultar recetas en páginas 12-13)

Pasta de azúcar (*fondant*):

  625g de color amarillo limón

  400g de color amarillo pálido

  125g de color melocotón

Pasta para modelar:

  Un trozo pequeño de color negro

  35g de color amarillo limón

  450g de color amarillo limón pálido

115g de color melocotón pálido

90g de color amarillo pálido

145g de color melocotón

Un trozo pequeño de color blanco

340g de color amarillo

Pegamento comestible (consultar receta en página 15) (SK)

Herramientas

Equipo básico (consultar páginas 16-18)

Base cuadrada de 30cm de lado

Base de cartón cuadrada de 15cm de lado

Palillo de sujeción de plástico apto para uso alimentario

Cortantes circulares de 2,5cm, 4cm, 5cm y 9cm de diámetro

Cortante en forma de flor

Boquillas nº 4, 16 (PME)

2 palillos de piruleta de papel

Palillos de madera

Láminas de texturas o estropajo de cocina nuevo

Base de la Tarta

1 Amasa la pasta de azúcar de color amarillo limón pálido hasta conseguir una textura suave y moldeable. Espolvorea la superficie de trabajo y la pasta con un poco de azúcar glas y a continuación, estira la pasta girándola de vez en cuando para evitar que se pegue a la superficie de trabajo. La pasta estará lista cuando tenga el tamaño suficiente para cubrir toda la base y un grosor de 2-3mm.

2 Humedece la base con agua fría, previamente hervida, o con pegamento comestible. A continuación, coloca la pasta de azúcar sobre ella y con un pulidor alisa bien toda la superficie eliminando cualquier marca o imperfección. Por último, recorta el exceso de pasta que sobresale por los bordes y deja secar.

Tarta

3 Recorta la corteza de los bizcochos, nivélalos y coloca uno sobre otro. Para hacer sitio a los juguetes y crear una cuña sobre la que apoyar la tapa de la caja más adelante, recorta una cuña de 2,5cm de profundidad desde la parte superior, dejando una tira de bizcocho de 5cm de ancho que se encuentre ligeramente inclinada. Corta los bizcochos en capas, rellénalos y colócalos de nuevo en su forma original. Unta relleno por toda la superficie para sellar la miga y ayudar a que la pasta de azúcar se adhiera. Por último, coloca la tarta hacia la parte trasera de la base y pégala con un toque de relleno.

Caja

4 Cubre la parte superior de la caja con la pasta de azúcar de color melocotón y recorta la pasta sobrante de los bordes, rematando los lados con un corte limpio. Extiende una capa de pasta de azúcar de color amarillo limón con un grosor de 2-4mm y corta cuadrados para cubrir cada lado de la caja. Coloca primero los laterales y después las piezas delantera y trasera. Pega los bordes con pegamento comestible y frota la pasta ligeramente para suavizar las uniones.

5 Introduce el palo de sujeción hacia la parte delantera de la caja y cubre la punta que sobresale con recortes de pasta de azúcar de color amarillo limón pálido. Esta pieza servirá para sujetar la tapa de la caja y como palo central del juego de los aros. Para disimular las uniones de los lados de la tarta, extiende una capa fina de pasta de modelar de color melocotón claro y corta tiras para colocar en los bordes de la caja y biselar las esquinas.

Tapa de la Caja

6 Cubre la base de cartón con pasta de azúcar de color amarillo limón y redondea el borde ligeramente (en este caso se ha cubierto la parte posterior de la tapa de tal manera que el envoltorio plateado se pueda apreciar por debajo de la tapadera). Extiende una capa gruesa de pasta de modelar color melocotón y corta tiras para colocar en los bordes de la tapa y biselar las esquinas.

7 Para hacer la cara del pollito que decora la tapadera, extiende una capa fina de pasta de color melocotón claro, recorta un círculo de 9cm de diámetro y estira su parte superior para alargarlo y conseguir una forma ovalada.

8 Para el pico, recorta un círculo de 5cm de pasta de modelar de color melocotón y estíralo para darle una forma ovalada. Corta dos arcos en la parte inferior del óvalo con ayuda de un cuchillo y suaviza los bordes con la yema de los dedos. Marca los agujeros del pico con la punta de un pincel, añade pasta en forma de lágrimas pequeñas y aplanadas para simular las plumas en su parte superior y, por último, modela dos óvalos blancos para hacer los ojos y otros dos negros más pequeños para las pupilas.

9 Decora el resto de la caja colocando un caballo en la parte frontal, una vaca en la trasera y una oveja y un cerdo en los laterales y utiliza la misma técnica que en el pollito de la tapa para modelarlos.

Xilófono

10 Para hacer la base, extiende una capa gruesa con 60g de pasta de modelar de color amarillo limón pálido y corta un rectángulo de 11cm x 3cm. A continuacion, recorta rectángulos de 4,5cm x 1,5cm de diferentes tonos de amarillo (claro, limón, limón claro) y melocotón para modelar las teclas. Pega dos bolas de pasta amarillas en los extremos de los palillos de piruleta para hacer los palos del xilófono y deja que todas las piezas se sequen.

Pelotas

11 Modela dos bolas con 115g de pasta, una de color amarillo y la otra amarillo limón claro. Córtalas en cuatro partes y vuelve a formar las pelotas alternando los colores. Extiende una capa fina de pasta y recorta flores y lunares para decorarlas. Con los trozos sobrantes puedes modelar pequeñas bolas y pegarlas en la parte trasera de la caja de juguetes.

Osito de Peluche

12 Para hacer la cabeza, modela una bola con 50g de pasta de color amarillo limón claro y otra con 15g del mismo color para el hocico. Pega la bola pequeña a la cabeza con pegamento comestible y marca una línea vertical en el centro con el reverso de la hoja de un cuchillo tal y como se aprecia en la imagen. Presiona con el cortante circular más pequeño para marcar la sonrisa y con un palillo, marca los hoyuelos a ambos lados de la boca.

13 Modela un trozo de pasta en forma de rollo para hacer el brazo y pégalo en la parte superior de la caja junto con la cabeza. Añade la nariz de color melocotón y dos ojos como ya se hizo anteriormente con el pollito. Para las orejas, modela dos bolas y dales forma con un bolillo pequeño o una esteca en forma de hueso.

Perro

14 Elabora una bola con 35g de pasta de color amarillo limón claro para hacer el cuerpo del perro. Para la cabeza, modela una lágrima redondeada con 50g de pasta amarilla. A continuación, haz un óvalo con 35g de pasta amarilla para simular el

hocico y pégalo en la parte frontal de la cara, apoyado sobre el borde de la caja de juguetes. Dibuja una línea vertical tal y como se hizo con el osito. Para hacer las orejas, modela dos lágrimas pequeñas de pasta y coloca otras dos lágrimas en la parte superior de la cabeza para el pelo.

15 Divide 15g de pasta de modelar amarilla en dos trozos y modela dos rollos para hacer las patas. Redondea uno de los extremos de cada rollo para darles forma y marca los dedos con el reverso de la hoja de un cuchillo.

Sonajero

16 Modela una bola con 20g de pasta de color amarillo limón claro y dibuja una línea a lo largo de todo el centro con la ayuda de un cuchillo. Haz un agujero en la parte inferior con la punta de un pincel. Para el mango del sonajero modela una lágrima larga de pasta y déjala secar. Decora el sonajero con flores y lunares como se hizo anteriormente con la pelota.

Mordedor

17 Haz tres bolas de 10g de pasta de modelar de color amarillo, amarillo claro y melocotón claro. Utiliza un pulidor o alisador para aplanarlas y haz un agujero pequeño en la parte inferior de cada disco con una boquilla. A continuación, modela dos rollitos finos y pásalos por los agujeros. Haz el mango con pasta amarilla y pégalo a la pieza.

Cubo de Juguete

18 Modela 30g de pasta de color amarillo en forma de cubo y presiona todos los lados utilizando un alisador para darle forma. Marca varias líneas con un cuchillo y decóralo con flores de pasta de color amarillo pálido. Coloca el bloque dentro de la caja de juguetes.

Aros

19 Utilizando 45g de pasta de modelar de color melocotón, haz una bola y aplánala con un alisador. Haz un agujero en el centro con el cortante circular más pequeño y redondea bien los bordes. Coloca el aro en el palo que sobresale de

la caja y modela dos más; uno amarillo con 35g de pasta y otro de color amarillo limón claro con 20g.

20 Modela un rollo de 15g de pasta color melocotón del mismo ancho que la caja y pégalo en la parte trasera. Humedece la parte de arriba con pegamento comestible y presiona ligeramente la tapa para colocarla en la posición requerida apoyándola sobre el palo de sujeción de los aros.

Oruga

21 Modela una bola de 20g de pasta amarilla limón clara y aplánala con ayuda de un alisador. Utiliza esta pieza para la primera parte del cuerpo de la oruga. Modela otras bolas de diferentes tamaños y colores (amarillo, amarillo claro y melocotón claro). Termina el cuerpo con la bola más pequeña de color amarillo limón. Pega todas las bolas y decóralas con lunares y flores.

22 Para la cabeza, modela una bola de 30g de pasta de color amarillo claro. Utiliza el cortante circular de 4cm de diámetro

para marcar la sonrisa. Marca los hoyuelos con un palillo y añade los ojos tal y como se ha hecho con las otras figuras.

23 Para hacer el sombrero, modela una bola con 5g de pasta amarilla y aplánala. Utiliza el rodillo para estirar bien la pasta. Añade una bola encima y presiona ligeramente para unir ambas partes. Para terminar, decora el sombrero con una flor.

Alfombra

24 Para crear la alfombra de rayas, extiende y corta tiras de distintos anchos y colores con los restos de pasta sobrante. Da textura a la superficie con un estropajo de cocina.

25 Coloca la primera tira de la alfombra sobre la base de la tarta y junto a la parte delantera de la caja. Añade alguna tira más delante y a continuación, coloca tiras a ambos lados y en la parte trasera. Posiciona el xilófono y pega una bola pequeña y aplanada de color amarillo limón claro sobre cada tecla. Para terminar, pega la pelota sobre la alfombra.

cupcakes

Estas *cupcakes* son el acompañante perfecto para la tarta. Además, son muy fáciles de decorar; simplemente unta la superficie con relleno dándole forma de semicírculo, cúbrela con una capa fina de pasta de azúcar en diferentes tonos de amarillo y decora con juguetes en miniatura elaborados con pasta para modelar.

ositos de peluche

Los ositos de peluche han sido uno de los juguetes preferidos por los más pequeños durante más de un siglo y, aunque a veces otros juguetes o personajes populares tomen protagonismo, los ositos siempre serán un clásico. Los tonos suaves y apagados quedan muy bien en este proyecto aunque podría utilizarse cualquier otro color.

Materiales comestibles

2 bizcochos con forma de media esfera de 15cm de diámetro

2 bizcochos con forma de media esfera de 10cm de diámetro

2 bizcochos con forma de media esfera de 7cm de diámetro (consultar recetas en páginas 6-9)

685g de relleno y para sellar la miga (consultar recetas en páginas 12-13)

Azúcar glas en tamizador

350g de masa de arroz inflado y nubes o

marshmallows (consultar receta en página 10)

Pasta de azúcar (*fondant*):

5g de color negro

30g de color marrón

1,3kg de color beis intenso

400g de color azul claro

200g de color marrón claro

750g de color beis claro

Pegamento comestible (consultar receta en página 15)

Herramientas

Equipo básico (consultar páginas 16-18)

Base de tarta cuadrada de 30cm

3 palos de sujeción aptos para uso alimentario

Pincel mediano de Squires Kitchen (SK)

Cortante circular de 3cm de diámetro

Base

1 Amasa la pasta de azúcar azul clara hasta que esté suave y moldeable. Espolvorea la superficie de trabajo y la pasta con un poco de azúcar glas y a continuación, estira la pasta girándola de vez en cuando para evitar que se pegue a la superficie de trabajo. La pasta estará lista cuando tenga el tamaño suficiente para cubrir toda la base y un grosor de 2-3mm.

2 Humedece la base con agua fría previamente hervida o con pegamento comestible. A continuación, coloca la

pasta de azúcar sobre ella y alisa bien toda la superficie con un pulidor para eliminar cualquier marca e imperfección. Marca dos rayas con ayuda de una regla y dibuja líneas con el reverso de la hoja de un cuchillo para conseguir el efecto de madera. Deja secar.

Cabezas

3 Para el oso más grande, modela una bola con 225g de arroz inflado y nubes cuando la masa todavía está caliente. Sigue las instrucciones de la página 10 para conseguir una bola de 10cm de

diámetro. A continuación, inserta un palo de sujeción apto para uso alimentario por la base hasta introducir 5cm y retíralo. Utiliza 100g de la masa de cereal y nube para elaborar la cabeza del oso mediano y 25g para la del oso pequeño. Haz los agujeros de la misma forma y deja secar las cabezas durante diez minutos aproximadamente.

4 Una vez que la masa de las cabezas haya cogido consistencia, utiliza pequeñas porciones de pasta para rellenar las partes que hayan quedado desniveladas y humedece la superficie con pegamento comestible. También puedes utilizar

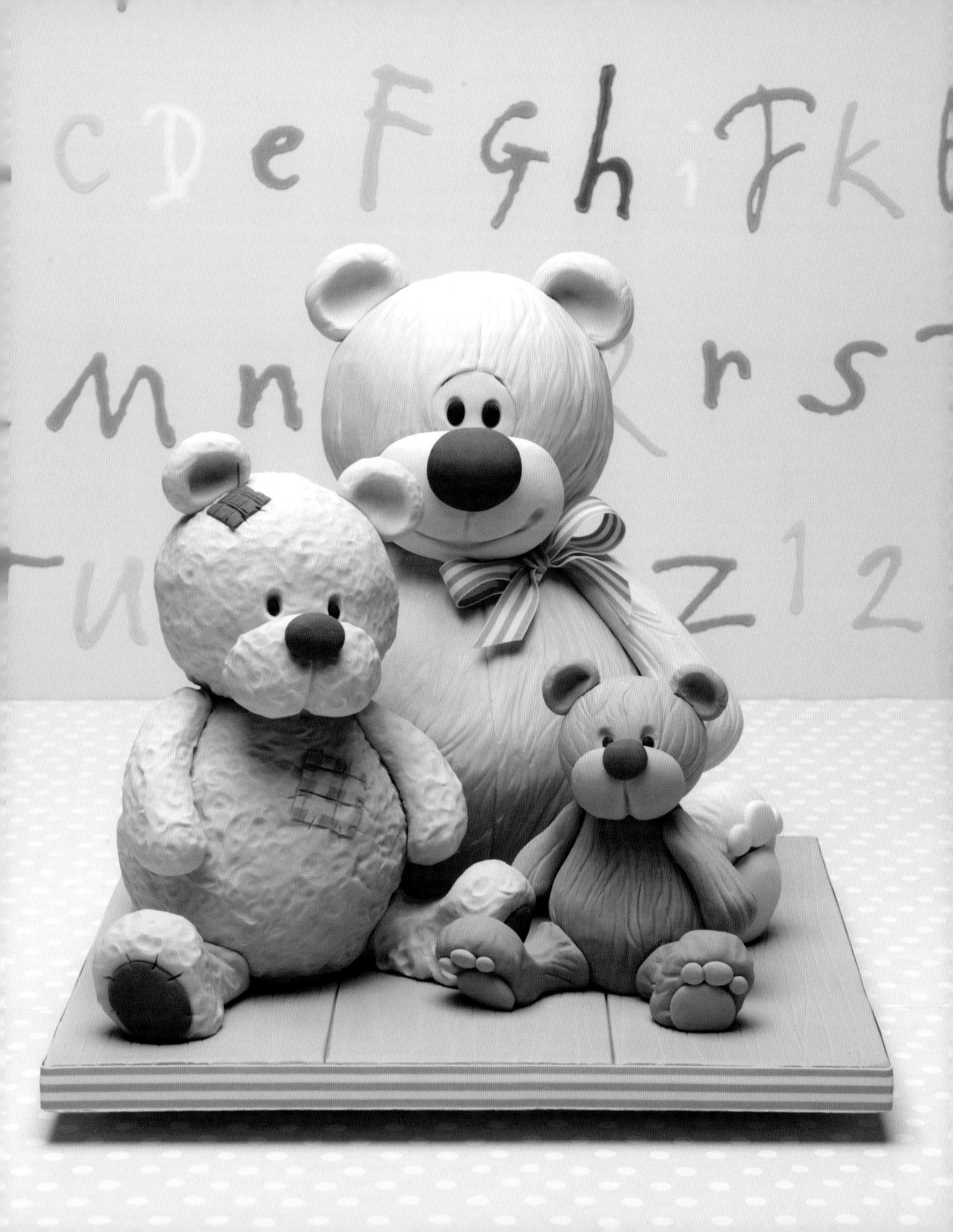

ganache para conseguir una superficie
uniforme y lisa (ver consejo en página
54). Extiende 300g de pasta de azúcar de
color beis intenso y cubre completamente
la bola grande alisando bien la superficie
y cortando el exceso de pasta. Pincela la
unión con pegamento comestible y alisa
toda la superficie con tus manos o frotando
con una bolita de pasta de azúcar.

truco

Si prefieres hacer las cabezas con
bizcocho, utiliza moldes en forma
de semiesfera y junta dos partes
para obtener una bola. En este
caso, necesitarás insertar tres
varillas o palos de sujeción de la
misma medida en el cuerpo para
sujetar la cabeza.

5 Marca un círculo en el centro de la cara
con un cortante y las cavidades de los ojos
con la yema del dedo. Para dar textura de
peluche a la pasta dibuja rayas de arriba

hacia abajo con el mango de un pincel o
una esteca para modelar.

6 Cubre la bola mediana con 125g de
pasta de azúcar de color beis claro y da
textura a la superficie ejerciendo una ligera
presión con la yema de los dedos. Marca
las cavidades de los ojos abriendo dos
agujeros en la pasta con el mango de un
pincel.

7 Cubre la cabeza del oso pequeño con
pasta marrón clara. Dibuja líneas y marca
las cavidades de los ojos como se ha hecho
anteriormente. Deja secar las tres cabezas
para utilizarlas más adelante.

Cuerpos

8 Recorta la corteza de cada bizcocho y
nivela la parte superior. Corta una capa en
cada bizcocho y a continuación, une las dos
mitades con relleno para formar una bola.
Si lo prefieres, puedes utilizar una cupcake
o una magdalena para elaborar el oso más
pequeño. Recorta las bolas de bizcocho
por la parte superior para estrecharlas

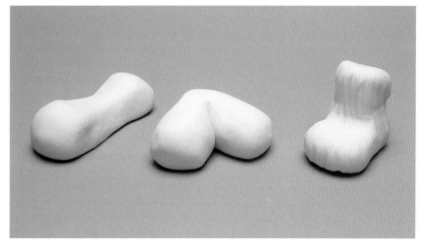

ligeramente; esto ayudará a redondear la parte de la tripa. Por último, cubre la superficie de los bizcochos con una capa de relleno para sellar la miga y ayudar a que la pasta se adhiera.

9 Para hacer el cuerpo del oso grande, extiende 450g de pasta de azúcar de color beis intenso hasta conseguir una capa que cubra la superficie del bizcocho por completo. Coloca la pasta de manera uniforme por toda la superficie eliminando cualquier pliegue o marca y recorta el exceso por la base. Da textura a la pasta marcando rayas con el mango de un pincel empezando por la parte de abajo. Cuando termines, coloca el cuerpo del oso centrado en la base de la tarta.

10 Cubre el cuerpo del oso mediano de la misma forma con 260g de pasta de color beis claro. Dale textura de peluche a toda la superficie presionando la pasta con la yema de los dedos como hiciste antes para la cabeza.

11 Sigue los mismos pasos para cubrir el oso pequeño, esta vez utilizando pasta marrón. Marca la piel con el mango de un pincel y coloca el cuerpo de cada oso sobre la base de la tarta asegurándote

de dejar espacio suficiente para las piernas. Pega las piezas con un poco de pegamento comestible.

Patas

12 Para hacer las patas del oso grande, divide 300g de pasta de color beis intenso en dos partes y modela un rollo grueso con cada una de ellas. Dobla uno de los extremos para dar forma a las patas y presiona ligeramente a cada lado de sus lados para alargar y estrechar los pies. Marca líneas para dar textura y corta el otro extremo en ángulo para poder colocarlo en la posición requerida. Añade círculos de pasta de color beis claro en la planta para hacer las almohadillas.

13 Repite los mismos pasos para hacer las patas del oso mediano y del pequeño utilizando 145g y 75g de pasta respectivamente. Proporciona la misma textura que la dibujada en el cuerpo.

14 Pega un trocito de pasta marrón ovalada en la planta del pie del oso mediano y marca rayas con la punta de un cuchillo como si fueran puntadas. Extiende un poco de pasta marrón y corta

un cuadrado para el parche de la cabeza. Dibuja líneas y simula las costuras con la ayuda de un cuchillo. Termina las patas del oso pequeño haciendo las almohadillas con pasta de azúcar de color marrón claro y pegándolas con pegamento comestible.

Brazos

15 Divide 200g de pasta de color beis intenso por la mitad para hacer los brazos del oso grande. En primer lugar, humedece la zona del cuerpo donde irán pegados con pegamento comestible y a continuación, modela dos rollos con uno de los extremos redondeados. Pega los brazos y da la textura correspondiente.

16 Elabora los brazos del osito mediano con 75g de pasta beis claro y los del pequeño con 20g de color marrón claro. Dales la misma textura que al resto del cuerpo.

Caras

17 Humedece con pegamento comestible la mitad inferior de la cara del oso grande y deja que la zona adquiera

una consistencia pegajosa. Para hacer el hocico, modela un óvalo con 75g de pasta de color beis claro y aplástalo contra la superficie de trabajo para aplanarlo ligeramente. Pega el hocico a la cara y sostén la pieza unos instantes hasta que quede adherida.

18 Marca una sonrisa semicircular con el mango de un pincel y utiliza las cerdas para abrir la boca en la parte de debajo de la sonrisa y los hoyuelos a ambos lados. Dibuja una línea desde el centro de la sonrisa hacia arriba. Por último, pellizca ligeramente la parte inferior de la cara para dar forma a la barbilla.

19 Haz los hocicos de los otros dos osos utilizando 45g de pasta para el oso mediano y 15g para el pequeño. Coloca las piezas en su sitio y marca las rayas centrales con el mango del pincel.

20 Utiliza pasta de azúcar marrón para hacer las narices de los tres ositos y negra para los ojos. Pega ambas partes a la cara con pegamento comestible.

Orejas

21 Divide el resto de pasta beis intenso por la mitad y modela dos bolas para las orejas del oso grande. Presiona ligeramente en el centro de cada una de ellas para crear un hueco y haz un corte recto en la base. Pégalas en su posición correspondiente y dales la misma textura que al cuerpo. Repite este paso para hacer las orejas de los otros dos ositos con pasta de color beis claro en el caso del mediano y marrón claro para el pequeño.

Parche

22 Para hacer el parche del oso mediano, extiende una capa muy fina de pasta de color beis claro y espolvorea sobre ella azúcar glas. Corta tiras pequeñas y deja secar. Por otro lado, extiende una capa fina con pasta marrón y coloca las tiras de color beis claro sobre ella para conseguir un patrón entrecruzado. Presiona ligeramente para asegurarte de que quedan bien adheridas y pasa un rodillo por encima para integrar las dos partes. Recorta el parche y dibuja varios cuadrados con un cuchillo. Por último, pega el parche sobre el cuerpo del oso mediano y haz varias marcas por el borde para simular las costuras.

mini ositos de peluche

Estos divertidos ositos se hacen exactamente igual que el oso pequeño de la tarta; solamente tienes que cambiar los colores y la textura. Un grupo de ellos en diferentes posturas queda muy bien para acompañar al proyecto principal.

Requisitos extra para cada mini tarta:

Materiales comestibles

2 bizcochos semiesféricos de 7cm de diámetro o una *cupcake* grande o magdalena para cada cuerpo

25g de masa de arroz inflado y nubes o *marshmallows* (consulta receta en página 10)

Pasta de azúcar (*fondant*):

    Un trozo pequeño de color negro

    220g del tono de marrón que elijas

    5g de color marrón oscuro

Herramientas

Palos de piruleta (opcional)

1 Haz los osos siguiendo los mismos pasos que en el proyecto principal y utilizando el tono de marrón elegido. Serán necesarios 30g de pasta para la cabeza, 75g para el cuerpo, 20g para ambos brazos, 75g para las dos patas, 15g para el hocico y 5g para las orejas. Si el osito está de pie o con los brazos extendidos hacia arriba, utiliza los palos de piruleta a modo de sujeciones internas.

2 Añade la nariz y las almohadillas de color marrón oscuro y remata la figura con dos bolitas negras para los ojos.

caritas de osos

Aquí tienes una muestra de cómo se pueden conseguir ositos muy diferentes entre sí empleando diferentes colores y expresiones. Los osos de la tarta principal tambien se pueden elaborar en tonos rosas o azules y otros tipos de tonalidades suaves.

Requisitos para cada tarta:

Materiales comestibles

Bizcocho con forma semiesférica de 7cm de diámetro (puedes hornearlo en un molde de silicona)

Un poco de relleno para tartas (consultar recetas en páginas 12-13)

Pasta de azúcar (*fondant*):

Un trozo pequeño de color negro

45g del color que tú elijas

Herramientas

Bases pequeñas de cartón redondas o papel para horno

truco

Para hornear los bizcochos de estas mini tartas también podrás utilizar recipientes de acero inoxidable o boles de cristal aptos para horno que encontrarás en tiendas especializadas y supermercados.

1 Coloca cada bizcocho sobre una base de cartón o un círculo de papel para horno para protegerlo por debajo. Cubre toda la superficie con una capa fina de relleno y forra el bizcocho con 35g de pasta de azúcar. Asegúrate de que la pasta queda bien extendida y lisa. Recorta el exceso de pasta con un cuchillo y remete el extremo para que quede bien redondeado.

2 Utiliza 35g de pasta de azúcar para hacer el hocico y 10g para cada oreja. Sigue los mismos pasos que para los osos del proyecto principal y pega estas piezas en su lugar con pegamento comestible. Marca las cavidades de los ojos y la boca y da textura a toda la cara. Por último, añade dos óvalos pequeños de pasta negra para los ojos.

castillos de cuento

Dos castillos, uno para el pequeño príncipe y otro para la hermosa princesita, realizados en tonos azul y rosa pastel. Para completar la decoración he añadido varios ositos de peluche que adornan y protegen la entrada al castillo.

castillo azul

Materiales comestibles

Un bizcocho cuadrado de 15cm y otro redondo de 10cm de diámetro, ambos de 8cm de alto (consultar recetas en páginas 6-9)

450g de relleno para el interior y para sellar la miga (consultar recetas en páginas 12-13)

Pasta de azúcar (*fondant*):

800g de color azul

210g de color azul claro

Pasta para modelar:

Un trozo pequeño de color negro (opcional)

20g de color azul

700g de color azul claro

10g de color beis claro

5g de color blanco

Colorantes alimentarios en polvo de Squires Kitchen (SK): azul y rosa

Colorante alimentario en pasta o líquido de SK de color negro

Pegamento comestible (consultar receta en página 15)

Varilla fina de pastillaje o un espagueti seco (consultar página 15)

Herramientas

Equipo básico (consultar páginas 16-18)

Base para tartas de 30cm, redonda para el castillo rosa o cuadrada para el castillo azul

Base redonda de cartón de 8cm de diámetro

3 palillos de sujeción aptos para uso alimentario

Pinceles fino y mediano de Squires Kitchen (SK)

Trozo pequeño de cartulina

Plantillas (consultar página 111)

Cortante cuadrado de 1,5cm

Palillos de madera

Boquillas nº 1, 2, 17 (PME)

Base de la Tarta

1   Amasa 400g de pasta de azúcar de color azul claro hasta conseguir una consistencia suave y moldeable. Espolvorea la superficie de trabajo y la pasta con un poco de azúcar glas y a continuación, estira la pasta sin olvidarte de girarla para evitar que se pegue a la superficie de trabajo. Estará lista cuando tenga el tamaño suficiente para cubrir toda la base y un grosor de 2-3mm.

2   Humedece la base con agua fría previamente hervida o con pegamento comestible. A continuación, coloca la pasta de azúcar sobre ella y alisa bien toda la superficie con ayuda de un pulidor para eliminar cualquier marca o imperfección. Recorta el exceso de pasta y deja secar.

Tartas

3   Recorta la corteza de los bizcochos y nivela la parte superior. Corta el bizcocho en capas, rellénalas y vuelve a ponerlas en su sitio para devolverlo a su forma original. Por último, cubre la superficie de cada bizcocho con una capa de relleno para sellar la miga y ayudar a que la pasta de azúcar se adhiera. Coloca la tarta grande centrada en la base y la pequeña sobre una base de cartón.

4   Cubre los laterales individualmente para asegurarte de que los bordes quedan rectos. De esta forma las almenas podrán sujetarse bien derechas. Extiende 75g

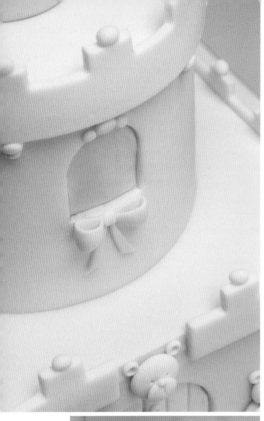

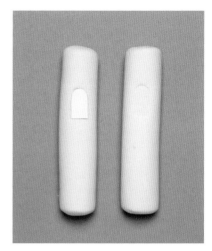

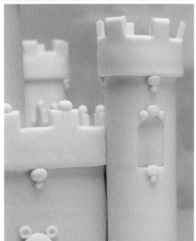

de pasta de azúcar azul y recorta un rectángulo para cubrir la parte frontal del castillo. Utiliza una regla para conseguir la medida exacta y haz lo mismo con los otros tres lados. Por último, extiende el resto de pasta y cubre la parte de arriba disimulando las uniones lo máximo posible.

truco

Si trabajas con una pasta de azúcar muy elástica que se pueda extender en una capa fina sin romperse, podrás cubrir todo el bizcocho de una sola pieza. Utiliza un pulidor para alisar y marcar los bordes para que queden rectos.

5 Es posible que el bizcocho de abajo no pueda soportar el peso de la tarta superior. Por esta razón, es aconsejable utilizar varillas o palillos de sujeción. Para conseguir una mayor estabilidad, introduce tres varillas de plástico en el centro del bizcocho cuadrado en un círculo imaginario de 8cm de diámetro. Marca la parte de los palos que sobresale

del bizcocho y retíralos. Corta los tres palos para que tengan el mismo largo, nivelándolos con el que tenga la marca más abajo. A continuación, cubre el bizcocho pequeño con 210g de pasta de azúcar de color azul claro (consulta receta en página 78). Coloca la tarta sobre una base de cartón del mismo tamaño y sitúalo encima de la tarta grande, asegurándolo con un poco de pegamento comestible.

6 Utiliza la plantilla de la puerta y la ventana grande para marcar la forma y recortar la pasta en la parte frontal de la tarta. Extiende una capa fina de 10g de pasta de color azul claro y recorta la forma de la puerta. Marca varias rayas sobre la puerta con ayuda de una regla y pégala en la tarta. Repite este paso para rellenar el hueco de la ventana.

Torres

7 El castillo azul cuenta con cuatro torres, una en cada esquina de la tarta para tapar las uniones de las piezas rectangulares de pasta de azúcar. Para elaborar cada una de ellas, necesitarás 100g de pasta azul claro. En primer lugar, modela un rollo de 13cm de largo y haz un corte recto en los

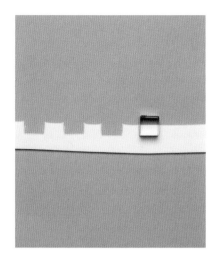

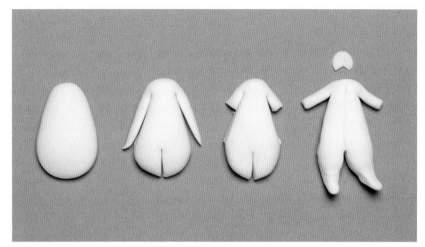

dos extremos. Usa otros 75g de pasta para la torre superior, la cual deberá medir 6cm de alto. A continuación, marca la forma de las ventanas con la plantilla (previamente recortada en una cartulina) y por último, deja secar las cuatro torres en posición horizontal sobre una superficie plana. Coloca la torre pequeña en el centro de la tarta.

Almenas

8 Para hacer las almenas, corta tiras finas de pasta de 2,5cm de grosor y marca el dibujo por su parte superior con ayuda de un cortante cuadrado pequeño. Decora todo el borde de la tarta y la parte superior de las torres con estas almenas, empezando por el piso más alto.

9 Haz el picaporte de la puerta y colócalo en su sitio con un toque de pegamento comestible. Para el lazo, modela dos rollitos pequeños de pasta azul y aplánalos. Dales forma de lazo y pégalos junto con otros dos lazos y una bola pequeña colocada en el centro para simular un nudo.

truco

Si lo prefieres, los brazos del pijama del bebé se pueden modelar por separado. Simplemente estrecha el cuerpo por la parte superior y pega un rollito de pasta a cada lado.

Ositos de Peluche

10 Los ositos que decoran los dos castillos están hechos con pasta para modelar de color azul o rosa claro. En primer lugar, modela dos lágrimas, aplánalas y pégalas a ambos lados de la puerta. A continuación, modela una bola para hacer la cabeza y otra más pequeña para el hocico. Aplánalas antes de pegar en la tarta. Marca el hocico con un cuchillo y los ojos con un palillo. Añade las orejas y dales forma con el mango de un pincel. Haz un lazo para el cuello de cada oso siguiendo los pasos anteriores.

11 Añade una cabeza de oso justo encima de la puerta y otra más pequeña en la parte superior de la misma, acompañada por un pequeño lazo que hará las veces de llamador.

12 El osito de peluche que acompaña al bebé en la parte delantera de la tarta está hecho con pasta para modelar azul o rosa claro. Simplemente, modela la figura como se ha hecho anteriormente y marca la sonrisa con una boquilla nº17. Utiliza un palillo de madera para marcar los hoyuelos a ambos lados de la boca. A continuación, añade dos ojos negros diminutos cortados con una boquilla nº1. Haz dos agujeros pequeños en la parte inferior del cuerpo para encajar las patas y deja secar la pieza.

Pijama del Bebé

13 Modela 20g de pasta de color azul claro en forma de lágrima redondeada y aplánala ligeramente. Haz un corte a ambos lados para separar las mangas y otro corte más en la parte inferior para hacer las piernas. Presiona ligeramente la pasta

para alisar cualquier rugosidad que haya podido quedar alrededor de las mangas y las piernas. A continuación, redondea las cuatro extremidades y pellizca en cada extremo de las piernas para dar forma al pie. Haz un corte recto en las mangas y deja un pequeño hueco en cada extremo para insertar las manos más adelante.

14 Marca el centro del pijama con un cuchillo y haz pequeños agujeritos a modo de botones usando un palillo. Para dar forma al cuello del pijama, moldea una bolita de pasta azul claro del tamaño de un guisante y aplánalo. Corta una pequeña porción por uno de los lados y pégalo al resto del pijama.

Manos

15 Modela dos lágrimas pequeñas para hacer las manos usando una bolita del tamaño de un guisante de pasta beis y aplánalas ligeramente. Corta los pulgares en lados opuestos y realiza tres cortes en la porción restante para separar los dedos. Presiona suavemente los dedos para darles forma y empuja el pulgar hacia la palma de la mano hasta conseguir una postura natural. Pega cada mano con un poco de pegamento comestible.

Cabeza

16 Introduce una varilla de pastillaje o un espagueti seco en el cuerpo del bebé a través del cuello dejando que sobresalga unos 2cm para sujetar la cabeza. Reserva una pequeña porción de pasta para modelar beis para la nariz y las orejas y haz una bola con el resto. Pellizca a ambos lados de la cara para marcar las mejillas y aplana ligeramente el área de la boca. Marca también la barbilla pellizcando la pasta ligeramente y las cavidades de los ojos con el mango de un pincel.

17 Marca un semicírculo con una boquilla nº17 para dibujar la sonrisa y haz los hoyuelos con ayuda de un palillo. Añade una bolita muy pequeña para la nariz y utiliza también el palillo para hacer los agujeros. Para hacer los ojos, modela dos bolas pequeñas de pasta blanca y añádele las pupilas cortando dos círculos negros con una boquilla nº2 o pintándolas con colorante alimentario negro y un pincel fino. Pinta también las pestañas. Para las orejas, modela dos bolitas, dales forma ayudándote del mango de un pincel y adhiérelas a la cabeza con un poco de pegamento comestible. Por último, da color a las mejillas con colorante en polvo rosa.

Corona

18 Añade una bola pequeña de pasta aplanada encima de la cabeza del bebé como base de la corona. Pega trozos pequeños de pasta blanca alrededor de la base de la corona y dales textura con un pincel húmedo para imitar el pelo. Añade una segunda bola aplanada a la corona un poco más pequeña que la primera y, a continuación, una tercera del mismo tamaño que la segunda pero más aplanada para conseguir que sea más ancha y delgada. Extiende un poco más de pasta y corta cuatro triángulos largos de aproximadamente 1cm. Pégalos alrededor de la corona y remátala con una bolita al final de cada punta.

Toques Finales

19 Modela la cara de un osito con pasta azul para decorar el pijama. Utiliza colorante en polvo azul para intensificar el color en la base de la tarta y en las ventanas.

castillo rosa

El diseño anterior se puede adaptar fácilmente para hacer un castillo rosa para una pequeña princesa. Tan sólo será necesario sustituir la pasta de azúcar azul por rosa y hacer algunos cambios en el diseño tal y como se describe a continuación.

Materiales comestibles

2 bizcochos redondos de 18cm y 10cm de diámetro respectivamente de 8cm de alto (consultar recetas en páginas 6-9)

450g de relleno para el interior y para sellar la miga (consultar recetas en páginas 12-13)

Pasta de azúcar (*fondant*):

    210g de color rosa claro

    750g de color rosa

Pasta para modelar:

    Un trozo pequeño de color negro (opcional)

    600g de color rosa claro

    20g de color rosa

    10g de color beis claro

    5g de color blanco

Colorante alimentario en polvo rosa de Squires Kitchen (SK)

Colorante alimentario en pasta o líquido de SK de color negro

Pegamento comestible (consultar receta en página 15)

Varilla fina de pastillaje o un espagueti seco (consultar página 15)

Herramientas

Utiliza el mismo equipo que para el castillo azul pero sustituye la base cuadrada de 30cm por una redonda

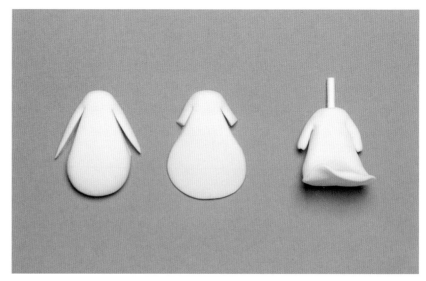

1 Para cubrir la base de la tarta, extiende 315g de pasta de azúcar rosa claro y cúbrela de la manera habitual.

2 Para cubrir la tarta grande, extiende 300g de pasta de azúcar rosa y corta una tira para cubrir los lados del bizcocho. Espolvorea azúcar glas y a continuación, enrolla la pasta con cuidado. Coloca la pasta enrollada sobre los lados del bizcocho procurando que el extremo coincida con el lugar donde irá una de las torres; de esta manera la unión quedará escondida. Desenrolla la pasta hasta cubrir todos los lados y corta el exceso en el punto de unión rematándolo con un poco de pegamento comestible y suavizando la marca. Extiende la pasta rosa restante y cubre la parte superior de la tarta. Alisa la superficie con un pulidor dejándola lo más plana posible para que las almenas del castillo queden rectas y corta el exceso de pasta en los bordes.

3 Introduce palillos o varillas de sujeción en el piso inferior y coloca el piso superior encima, previamente cubierto de pasta de azúcar y con una cartulina en su base.

4 Haz las ventanas, puertas y torres siguiendo las mismas instrucciones que en el castillo azul. En este caso, utiliza pasta para modelar de color rosa claro. Sólo necesitarás modelar dos torres, una a cada lado de la fachada principal. Una vez hechas, colócalas en su sitio y decora la parte superior de ambas tartas con las almenas. No te olvides de añadir también el pomo de la puerta como antes.

5 Para los tejados en punta de las torres, divide 120g de pasta para modelar de color rosa claro en tres partes, de las cuales, una será ligeramente más grande que las otras dos. Modela el trozo más grande en forma de lágrima y aplánalo por el lado grueso. Alisa los lados y pellizca la base para agrandarla. Una vez modelado, pega el tejado en la torre central y haz los otros dos de la misma forma.

6 Decora las almenas y los bordes de las ventanas del castillo con bolitas pequeñas de pasta para modelar. Añade un lazo como en el castillo azul.

7 Sigue las instrucciones para crear los ositos situados a ambos lados de la puerta y haz caras de oso para colocarlas en la parte superior y en el llamador. Añade más caras en la punta de los tejados acompañadas de lazos y modela un osito de peluche para la niña como ya se hizo en el castillo azul.

8 Modela un camisón para la niña en lugar de un pijama. Elabora una lágrima de 15g de pasta de color rosa claro y aplánala levemente. Corta a cada lado y da forma a las mangas. Retira el exceso de pasta y deja un hueco al final de cada manga para las manos. Alisa y afina la parte inferior del camisón para darle movimiento y dóblalo por la mitad para dar la impresión de que la niña está sentada.

9 Modela la cabeza, la cara y las manos como ya se hizo anteriormente en el castillo azul. Añade la corona y la cabeza del osito del camisón.

10 Utiliza colorante en polvo rosa para intensificar el color en la base de la tarta y en las ventanas.

mini castillos

Estos mini castillos pueden cortarse de cualquier tamaño dependiendo de cuantos quieras realizar. En este caso, he usado mini tartas de 5cm de lado, las cuales se pueden cortar a partir de una plancha de bizcocho grande. Utiliza un cortante circular si quieres que los castillos sean redondos. Otra opción es hornear directamente los bizcochos del tamaño deseado usando moldes individuales (disponibles en tiendas especializadas y proveedores, ver página 112).

Requisitos extra para cada mini castillo:

Materiales comestibles

Bizcocho pequeño redondo o cuadrado de 5cm de diámetro/lado y 4cm de alto

Un poco de relleno (consultar recetas en páginas 12-13)

Pasta de azúcar (*fondant*):

200g de color azul claro o 175g de rosa claro

Herramientas

Base de cartón redonda o cuadrada de 10cm de diámetro/lado

Cortante redondo de 1cm de diámetro

Plantillas*

*Corta las plantillas un poco más pequeñas que para el proyecto principal; la puerta deberá medir 2cm x 3cm y las ventanas 5mm x 1,5cm. Curva ligeramente ambas plantillas por la parte superior.

1 Extiende una capa fina de pasta de azúcar azul o rosa y cubre la base de cartón. Remata bien los bordes.

2 Corta y rellena la mini tarta; esto hará que aumente la altura del bizcocho a 4,5cm - 5cm. Para cubrirlo, extiende el resto de pasta en una nueva capa fina y cubre toda la superficie. Utiliza un alisador para que la superficie quede uniforme y sin imperfecciones. Corta el exceso de pasta de la base del bizcocho. Para elaborar las tartas redondas, puedes utilizar un cortante circular un poco más grande que el bizcocho. Por

último, coloca la tarta en el centro de la base de cartón.

3 Modela un pequeño cilindro de pasta y pégalo en lo alto del castillo con pegamento comestible.

4 Extiende la pasta restante y modela las torres y almenas de la misma forma que para los castillos grandes. Para ello, puedes utilizar un cortante cuadrado de 1cm. Añade tejados en punta a las torres del castillo rosa y termina la decoración con la puerta, ventanas y la cara del osito en la parte frontal como en el proyecto principal.

cupcakes de coronas

Las mini tartas en forma de castillo son muy bonitas, pero requieren de bastante tiempo de preparación así que, si tenemos muchos invitados, una buena alternativa es preparar estas sencillas *cupcakes* decoradas con una corona. Utiliza *cupcakes* de tamaño normal y unta toda la parte de arriba con relleno. A continuación, cúbrela con una capa fina de pasta de azúcar.

Prepara las coronas con antelación, utilizando 20g de pasta para modelar (consulta las instrucciones en el proyecto principal). Coloca una corona encima de cada *cupcake*. Si tienes que preparar muchas, puedes usar un cortante redondo muy pequeño para hacer las bolitas que decoran las puntas.

cubos de juguete

La inspiración para hacer esta tarta me llegó al observar a una niña de un año llamada Hannah apilando cubos y otros juguetes en su carrito. Disfrutaba enormemente sacándolos uno a uno de la caja bajo la atenta mirada de todos los allí presentes hasta que, por supuesto, llegó la hora de recoger.

Materiales comestibles

Bizcocho cuadrado de 20cm de diámetro

2 bizcochos cuadrados de 10cm de diámetro y 5cm de alto (consultar recetas en páginas 6-9)

685g de relleno para el interior y para sellar la miga (consultar recetas en páginas 12-13)

Pasta de azúcar (*fondant*):

175g de color azul

315g de color lila

1,14kg de color blanco

Pasta para modelar:

Un trozo pequeño de color negro

200g de color azul

20g de color verde

20g de color amarillo limón

20g de color lila

20g de color rosa

310g de color blanco

Pegamento comestible (consultar receta en página 15) (SK)

Herramientas

Equipo básico (consultar páginas 16-18)

Base para tarta cuadrada de 30cm de lado

2 bases de cartón cuadradas de 8cm de lado

6 varillas o palos de sujeción aptas para uso alimentario

Pinceles fino y mediano (SK)

Cortantes grandes en forma de letras

3 palos de piruleta

Cortante pequeño con forma de estrella

Boquillas nº 3, 4, 16, 18 (PME)

Base de la Tarta

1 Amasa 400g de pasta de azúcar blanca hasta conseguir una consistencia blanda y moldeable. Espolvorea la superficie de trabajo y la pasta con un poco de azúcar glas y a continuación, estira la pasta sin olvidarte de girarla cada vez que pasas el rodillo para evitar que se pegue a la superficie de trabajo. Estará lista cuando tenga el tamaño suficiente para cubrir toda la base y un grosor de 2-3mm.

2 Humedece la base con agua fría previamente hervida o con pegamento comestible. A continuación, coloca la pasta de azúcar sobre ella y alisa bien toda la superficie con ayuda de un pulidor para eliminar cualquier marca o imperfección. Recorta el exceso de pasta y deja secar.

Tarta

3 Recorta la corteza de todos los bizcochos y nivela la parte superior. Para conseguir la forma rectangular del carrito, corta una tira de 8cm del bizcocho cuadrado más grande y resérvala para más adelante. Corta el bizcocho restante en capas, rellénalas y vuelve a colocarlas en su posición original. Cubre la superficie del bizcocho con una capa de relleno para sellar la miga y ayudar a que la pasta de azúcar se adhiera.

4 Utiliza la pieza de bizcocho que has reservado en el paso anterior para cortar una tira de 5cm de uno de sus extremo y cortar el resto por la mitad. Coloca ambas partes, una sobre la otra y recorta lo que sea necesario para conseguir un cubo de 8cm. Haz lo mismo con la tira de 5cm. A continuación, corta cada cubo en capas y añade un poco de relleno sin aumentar la altura de las piezas demasiado y evitando que aparezcan bultos en la capa que cubre la tarta. Sella la miga como se ha hecho

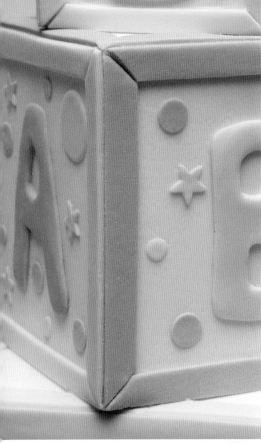

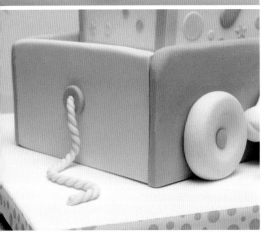

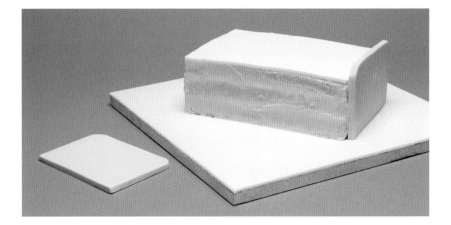

anteriormente y utiliza un toque de relleno para asegurar el cubo de 8cm a una de las bases de cartón.

5 Para hacer el cubo más grande, coloca los dos bizcochos cuadrados de 10cm uno sobre otro y asegúrate de que forman un cubo perfecto. Para terminar, unta una capa de relleno por toda la superficie para sellar la miga y coloca la pieza en la otra base de cartón.

Carrito

6 Extiende 175g de pasta de azúcar blanca, cubre la parte superior del carrito y recorta el exceso de los bordes. Con ayuda de un pulidor, alisa la superficie para eliminar cualquier imperfección. Acto seguido, extiende una capa más gruesa que la anterior con la pasta de azúcar azul y corta dos piezas, 1 ó 2cm más altas que la tarta, para cubrir los extremos del carrito. Redondea las esquinas superiores.

7 Repite la operación anterior con la pasta de azúcar de color lila para cubrir los laterales del carrito; estas piezas tienen que ser también un poco más altas que la tarta. Alisa y redondea los bordes con la yema de los dedos. Coloca cada pieza en su sitio ayudándote de un alisador para

presionar y acomodar las piezas en la posición requerida (si la capa de sellado de miga está demasiado seca vuelve a aplicar otra capa fina de relleno para que los laterales se adhieran bien).

Ruedas

8 Divide 160g de pasta para modelar azul en cuatro partes y modela cuatro bolas. Aplana cada bola con un alisador y marca el centro con la yema del dedo. A continuación, pega una bolita aplanada de color lila en este área y deja secar las cuatro ruedas.

Cubos de Construcción

9 Extiende pasta de azúcar blanca y cubre las caras de los cubos por separado para conseguir unos bordes rectos. No te preocupes por las uniones ya que se cubrirán más adelante con tiras de colores. Para cubrir fácilmente cada cara, extiende los trozos de pasta de uno y uno, coloca el cubo encima y recorta el cuadrado. Repite este paso para hacer cada uno de los lados y utiliza un alisador para manipular los cubos sin dañar su superficie. Pega bien las uniones con un poco de pegamento comestible. Solo tendrás que

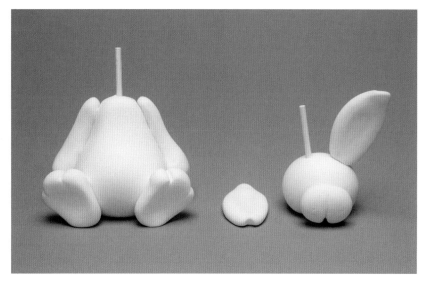

cubrir la base del cubo más pequeño ya que los demás están colocados sobre bases de cartón.

10 Introduce tres palos de sujeción en el centro del carrito de tal forma que queden bien espaciados (no más de 8cm de separación entre ellos). Marca el lugar por donde sobresalen, retíralos y córtalos siguiendo la marca que esté más abajo. De esta manera, puedes colocar los pisos superiores de una forma más segura aunque la tarta no esté del todo nivelada. A continuación introduce los palos de nuevo en la tarta y coloca el cubo grande encima.

Asegúralo con un toque de pegamento comestible. Introduce también palos de sujeción en el cubo grande para que soporte el peso del piso superior cuando lo coloquemos más adelante.

11 Para bordear los cubos con líneas de colores, extiende una capa fina de pasta para modelar y corta tiras de 1cm de ancho para los cubos grande y mediano y de 5mm para el más pequeño. Pega las tiras en los bordes de cada cara y bisela las esquinas para que coincidan. Coloca todos los cubos sobre la base de la tarta y asegúralos con un toque de pegamento comestible. Recorta las letras para formar la palabra "bebé" y decora los cubos con círculos y estrellas que podrás modelar con ayuda de una boquilla y un cortante. Por último, pega las ruedas a ambos lados del carrito.

Conejo

12 Para elaborar el cuerpo del conejo, modela 125g de pasta de color blanco en forma de lágrima. Pega esta pieza contra el carrito y redondéala ligeramente para

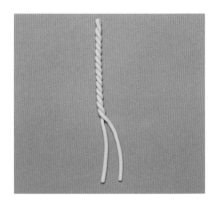

dar forma a la tripa del conejo. Divide 30g de pasta de color blanco por la mitad y modela dos rollos para los brazos. Redondea el extremo de cada rollo y haz dos marcas con el reverso de la hoja de un cuchillo.

13 Para hacer las patas, divide 45g de pasta blanca por la mitad y modela dos lágrimas redondeadas. Aplánalas ligeramente y utiliza también la parte no afilada de la hoja de un cuchillo para hacer dos marcas en las patas. Colócalas en posición y añade pequeñas bolitas aplanadas de pasta rosa para el dibujo de las almohadillas.

14 Modela un óvalo con 75g de pasta blanca para hacer la cabeza y colócalo sobre el cuerpo sujetándolo con un palo de piruleta. Añade una bola pequeña y aplanada para el hocico y marca una raya en el centro con el reverso de la hoja de un cuchillo. Inserta los otros dos palos de piruleta en la cabeza para sostener las orejas.

15 Para hacer las orejas del conejo, divide la pasta blanca que ha sobrado en dos partes y modela dos lágrimas alargadas. Ahueca ligeramente el centro

de cada oreja pasando la yema de un dedo por la pasta con suavidad y rellena el hueco con otra lágrima aplanada y alargada de pasta rosa. Humedece la parte que sobresale de los palillos con pegamento comestible e inserta las orejas hasta que toquen la cabeza. Termina la cara añadiendo una nariz rosa y dos ojos pequeños negros.

Toques Finales

16 Modela una bolita con la pasta lila sobrante, aplánala y pégala en el carrito. A continuación, haz un agujero en el centro con el mango de un pincel. Para hacer la cuerda, modela un rollo largo y delgado de pasta azul, dóblalo por la mitad y entrelázalo.

17 Para hacer el lazo, reserva una pequeña bola de pasta azul y divide por la mitad la pasta sobrante. Modela dos rollos con los extremos afinados y aplánalos. Dales la forma de lazo doblándolos y une ambas piezas con la bolita que hemos reservado, para simular el nudo.

mini tartas con forma de cubo

Estos cubos de 5cm tienen el tamaño perfecto y son ideales para ofrecer como porción individual.

Requisitos extra para cada cubo:

Materiales comestibles

Bizcocho en forma de cubo de 5cm

Un poco de relleno o mermelada
(consultar recetas en páginas 12-13)

Pasta de azúcar (*fondant*):

    75g de color blanco

Pasta para modelar:

    10g del color que elijas

Herramientas

Papel antiadherente para horno en forma
de cuadrado de 5cm

1 Si quieres rellenar los pasteles de la manera tradicional, es decir, cortando el cubo en capas y aplicando relleno entre ellas, asegúrate de que la altura final de cada cubo es la misma. Personalmente, prefiero dejarlos como están e inyectar en el centro un poco de relleno o incluso mermelada. Este método es mucho más fácil y rápido, sobre todo si tienes muchos cubos que rellenar. Para realizar este procedimiento, rellena una manga pastelera, corta un agujero pequeño en la punta e introdúcelo en el bizcocho presionando la manga suavemente.

2 Para proteger la base de cada cubo, recorta un cuadrado de papel antiadherente o para horno y pégalo con un toque de relleno.

3 Extiende un trozo de pasta de azúcar para cubrir el bizcocho. Para hacerlo de forma rápida, puedes cubrir todo el cubo con el mismo trozo en lugar de cubrir cada cara individualmente. Este sistema funciona mejor en los cubos pequeños, ya que la pasta de azúcar no se rompe tan fácilmente y puede ser extendida en una capa más fina. Pero, si tienes que hacer pocos cubos y quieres asegurarte de conseguir unos bordes rectos, siempre puedes seguir las instrucciones del proyecto principal.

4 Decora cada cubo con letras o números y añade también pequeños círculos como en la tarta grande.

gatitos

El diseño original de este proyecto se utilizó para el primer cumpleaños de una niña muy especial llamada Hannah. Como la tarta fue un éxito, decidí incluirla en este libro. Durante la celebración de ese cumpleaños me di cuenta de que hubiera sido también muy buena idea colocar más gatitos alrededor de la mesa, como si pretendieran robar la comida de la fiesta.

Materiales comestibles

Bizcocho cuadrado de 25cm (consultar recetas en páginas 6-9)

6 bizcochos con forma semiesférica de 7cm (consultar recetas en páginas 6-9)

450g de relleno para el interior y para sellar la miga (consultar recetas en páginas 12-13)

160g de masa de arroz inflado y nubes o *marshmallows* (consultar receta en página 10)

Pasta de azúcar (*fondant*):

370g de color azul

900g de color azul claro

15g de color rosa claro

975g de color blanco

Pegamento comestible (consultar receta en página 15) (SK)

Herramientas

Equipo básico (consultar páginas 16-18)

Base cuadrada para tarta de 35cm

Base fina de cartón redonda de 10cm de diámetro

Pinceles fino y mediano (SK)

6 varillas de plástico o palos de sujeción aptos para uso alimentario

18 estambres blancos aptos para uso alimentario o hilo de algodón grueso

Palillos de madera

Tarta en Forma de Almohadón

1 Corta la corteza del bizcocho procurando dejar la parte de arriba un poco redondeada. Recorta alrededor de todo el borde superior hasta la mitad del bizcocho para crear una ligera inclinación. Gira el bizcocho y repite la operación por el otro lado para conseguir la forma de almohadón.

2 Corta varias capas de bizcocho y rellénalas. A continuación, devuelve las capas a su posición original y sitúa la tarta sobre la base ligeramente descentrada. Unta una capa de relleno por toda la superficie del bizcocho para ayudar a que la pasta de azúcar se adhiera.

3 Amasa la pasta de color azul claro hasta que tenga una consistencia suave y manejable. Espolvorea un poco de azúcar glas para evitar que la pasta se pegue y extiende una capa de aproximadamente 2-3mm de grosor. Estira la capa con ayuda de un rodillo hasta que sea lo suficientemente grande como para cubrir todo el bizcocho. A continuación, ayúdate del rodillo para levantar la capa de pasta y colocarla sobre la tarta. Da forma a la tarta suavizando la superficie con las manos y colocando el exceso de pasta por debajo del bizcocho. Corta la pasta sobrante alrededor de la base.

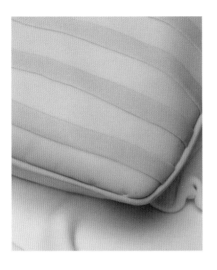  

4 Utiliza el mango de un pincel o una herramienta de modelar en punta para marcar una línea alrededor del almohadón. Usa el mismo pincel o herramienta para marcar pliegues. A continuación, marca una cruz en la superficie para dividir el pastel en cuatro partes.

5 Extiende una capa fina con 60g de pasta de azúcar de color azul y corta diez tiras para decorar el almohadón. Pégalas en dos esquinas opuestas y suaviza el borde de cada tira con la yema de tu dedo. Humedece toda la línea que marcaste alrededor de la tarta con pegamento comestible y moldea un rollo largo y fino para pegarlo y simular de esta manera el remate del almohadón.

6 Para crear el efecto de tela que cubre la base de la tarta, humedece primero la superficie con un poco de pegamento comestible y extiende capas finas de pasta de azúcar blanca. Crea pliegues y dobleces para conseguir un efecto más realista y recorta el exceso de pasta por los bordes de la base.

7 El peso de los gatitos podría hundir el centro de la tarta. Para que esto no ocurra, inserta tres palos de sujeción en el

almohadón con una separación de no más de 8cm entre sí. Marca el lugar por donde sobresalen, retíralos y córtalos siguiendo la marca que esté más abajo. De esta forma nos aseguramos de que los gatitos están sentados al mismo nivel. Vuelve a insertar los palos en la tarta y pega sobre ella la base fina de cartón redonda con pegamento comestible.

Gatitos

8 Es aconsejable hacer las cabezas de los gatitos con bolas de masa de arroz inflado y nubes para que sean ligeras. Como van colocadas una sobre otra, tanto peso sobre los cuerpos podría hacer que la tarta se hundiera, incluso con las sujeciones. Para evitar que esto ocurra,

divide la masa de arroz inflado y nubes en tres partes cuando todavía está caliente y haz una bola de 7cm de diámetro con cada pedazo. Aplana ligeramente uno de sus lados para hacer la cara. Introduce una varilla de sujeción en la parte inferior de las dos primeras y otra en la parte de atrás de la tercera cabeza. Déjalas secar hasta que adquieran consistencia.

9 Para elaborar los cuerpos, pega los bizcochos con forma de semiesfera de dos en dos con el fin de conseguir tres bolas y cúbrelas con relleno para que la pasta de azúcar se adhiera. Utiliza 90g de pasta de azúcar para cada gatito (dos blancos y uno azul). Extiende la pasta y cubre cada bola por completo, alisando toda la superficie y suavizando el extremo donde se une la pasta. Pellizca el exceso de pasta para dar

truco

Si haces los gatitos enteros de bizcocho, es recomendable utilizar *ganache* de chocolate para sellar la miga. Déjalos enfriar en la nevera antes de decorarlos para que soporten mejor el peso. Si quieres guardar los gatitos como recuerdo, puedes elaborarlos en su totalidad con masa de arroz inflado y nubes ya que ésta se conserva mejor que el bizcocho.

forma al cuello y haz un corte recto en la parte superior. Con la ayuda del mango de un pincel o de una herramienta de modelar en punta, marca la pasta para conseguir el efecto de pelo.

10 Asegúrate de que la superficie de las bolas de arroz inflado y nubes es lisa. Si hay imperfecciones, cubre los huecos y grietas con pequeños trozos de pasta de azúcar hasta conseguir una superficie uniforme. Aplica un poco de pegamento comestible y utiliza 75g de pasta de azúcar para cubrir cada cabeza. Alisa bien y corta el exceso de pasta por la parte trasera. Utiliza el mango de un pincel o una herramienta de modelar para hacer marcas y conseguir el mismo efecto de pelo que en el cuerpo. Retira el palo de sujeción para que quede un agujero en la pasta.

11 Para la cabeza del gatito azul, extiende una capa fina con 20g de pasta de azúcar de color azul. Cubre la parte de atrás de la cabeza y trae la pasta hacia delante para enmarcar la cara. Marca la pasta como se ha hecho anteriormente y asegúrate de que los bordes son desiguales para simular la textura del pelo

12 Para hacer os pelos del morro con forma puntiaguda, modela lágrimas de pasta azul y/o blanca, aplánalas y pégalas

a la cara de los gatitos con pegamento comestible. Suaviza la unión de los pelos con la superficie de la cara y marca la pasta para darle textura de pelo.

13 Modela lágrimas de diferentes tamaños para colocar a ambos lados de la cara y en la frente y dales textura como antes. Si estas piezas no se integran bien en la cara, humedece un pincel con pegamento comestible; esto hará que la superficie se disuelva ligeramente y ayudará a que la pasta se incorpore. Marca las cavidades de los ojos con la yema del dedo un poco por debajo de la mitad de la cara y alisa esta zona.

14 Divide 20g de pasta de azúcar blanca en tres porciones y modela tres óvalos para hacer los hocicos. Pégalos en la mitad inferior de la cara, debajo de las cavidades de los ojos, y utiliza un palillo para hacer tres agujeritos a cada lado. Para la boca, divide 5g de pasta blanca en tres partes y modela tres rollitos con los extremos redondeados. Dóblalos ligeramente por el centro y pégalos debajo de cada hocico.

15 Modela óvalos pequeños para hacer los ojos y aplánalos ligeramente. Pégalos en la cara con un toque de pegamento comestible y añade un círculo pequeño

de pasta negra a modo de pupila. Alinea ambas pupilas para que los gatitos miren hacia arriba o hacia abajo. Para terminar los ojos, añade rollitos muy finos encima para marcar las pestañas.

16 Pega un óvalo rosa en el hocico y pellizca ligeramente la parte inferior. Inserta los estambres o el hilo de algodón grueso en los agujeros de los lados del hocico a modo de bigotes. (Recuerda retirar estas piezas antes de comer la tarta.)

Montaje

17 Coloca uno de los cuerpos de los gatitos en la parte frontal de la base de cartón en ángulo. Divide 45g de pasta de azúcar blanca en dos para hacer las patas delanteras. Modela dos rollos y redondea uno de los extremos. Para dar forma a la zarpa, haz dos marcas con el reverso de la hoja de un cuchillo y a continuación, da textura de pelo como al resto del cuerpo. Inserta el palo de sujeción en la cabeza del gatito que tiene un agujero en la espalda y une esta pieza con el cuerpo del gatito.

18 Para hacer las patas traseras, divide 45g de pasta de azúcar blanca por la mitad y modela dos rollos gruesos. Redondea uno de los extremos y pellizca la pasta

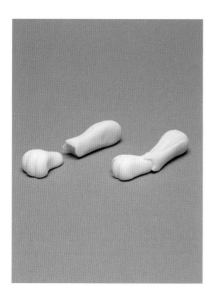

para dar forma a la pata. Marca la zarpa y dale textura de pelo.

19 Una vez que el primer gatito está ensamblado, modela dos lágrimas con 10g de pasta de azúcar para hacer las orejas. Aplana el centro de cada oreja y dales una forma un poco puntiaguda. Rellena el interior con una lágrima de pasta rosa pequeña y aplanada. Haz un corte recto en la parte inferior y pégalas en la cabeza un poco giradas hacia atrás. No te olvides de darle textura de pelo.

20 Monta el gatito azul encima del blanco y ensambla la cabeza al cuerpo con ayuda de un palo de sujeción. Modela las patas azules con zarpas blancas y dales textura de pelo. Dobla una de las orejas para que coincida con la pata del gatito que irá colocado encima.

21 Para el gatito de rayas, modela las patas y las orejas y ensámblalas al resto del cuerpo como antes. Coloca una de las patas encima de la oreja doblada del gatito azul. Añade tiras de pasta de azúcar de color azul claro y da textura de pelo a toda la figura.

22 Añade pequeñas lágrimas de pasta para los mechones de pelo de las orejas. Para hacer las colas utiliza la pasta azul o blanca que sobra y modela rollos largos que vayan disminuyendo su grosor hacia uno de los extremos. Pégalos en su sitio y sujétalos hasta que queden bien asegurados.

truco

Si prefieres no utilizar el estambre de flores para hacer los bigotes, puedes dejar sólo la marca de los orificios en el hocico o insertar rollitos ultra finos de pastillaje (ver página 15) una vez secos.

Variaciones

Estos gatitos son igual de graciosos en
tonos rosa, blanco y negro, gris, naranja o
pardos. ¡Puedes hacer toda una camada
de diferentes colores!

cupcakes con huellas

Requisitos extra para cada *cupcake*:

Materiales comestibles

Cupcake

Un poco de relleno (consultar recetas en páginas 12-13)

Pasta de azúcar (*fondant*):

Un trozo muy pequeño de color negro

20g de pasta de azúcar para cubrir las *cupcakes*

Herramientas

Cortante circular del tamaño de la *cupcake* una vez se ha rellenado

Boquillas nº 4 y 18 (PME)

1 Unta una capa de relleno en la parte de arriba de la *cupcake* y recúbrela con una capa fina de pasta de azúcar del tamaño requerido.

2 Para hacer las huellas, extiende una capa muy fina de pasta de azúcar negra y corta círculos con las boquillas nº18 y 4. Coloca los círculos sobre las *cupcakes* formando el diseño de las huellas y pégalas con un toque de pegamento comestible.

truco

Si no dispones de estas boquillas, simplemente haz pequeñas bolitas de pasta negra y aplánalas hasta conseguir la forma de la huella.

Su primera muñeca

Diseñé esta muñeca de una forma simple para atraer la atención de los más pequeños. Su postura está inspirada en los niños cuando levantan los brazos a la espera de ser cogidos por sus padres.

Materiales comestibles

Bizcocho redondo de 20cm de diámetro (consultar recetas en páginas 6-9)

Bizcocho con forma de semiesfera de 15cm de diámetro (consultar recetas en páginas 6-9)

400g de relleno para el interior y para sellar la miga (consultar recetas en páginas 12-13)

225g de masa de arroz inflado y nubes o *marshmallow* (consultar receta en página 10)

Colorante alimentario en pasta de color blanco de Squires Kitchen (SK)

Colorante alimentario en polvo de color rosa pálido (SK)

Pasta de azúcar (*fondant*):

315g de color azul

Una bolita del tamaño de un guisante de color negro

15g de color rosa oscuro

160g de color amarillo pálido

685g de color rosa

595g de color beis claro

Pegamento comestible (consultar receta en página 15) (SK)

Herramientas

Equipo básico (consultar páginas 16-18)

Base redonda para tartas de 30cm de diámetro

3 varillas de plástico o palos de sujeción aptos para uso alimentario

Pinceles fino y mediano (SK)

Cortante circular de 5cm de diámetro

Cortante grande con forma de corazón

Palillos de madera

Boquilla nº 18 (PME)

Base de la Tarta

1 Amasa la pasta de azúcar azul hasta conseguir una consistencia blanda y moldeable. Espolvorea la superficie de trabajo y la pasta con un poco de azúcar glas y estira la pasta sin olvidarte de girarla para evitar que se pegue a la superficie de trabajo. Estará lista cuando tenga el tamaño suficiente para cubrir toda la base y un grosor de 2-3mm.

2 Humedece la base con agua fría, previamente hervida, o con pegamento comestible. A continuación, coloca la pasta de azúcar sobre ella y alisa bien toda la superficie con ayuda de un pulidor para eliminar cualquier marca e imperfección. Recorta el exceso de pasta y deja secar.

Cabeza de la Muñeca

3 Prepara la masa de arroz inflado y nubes siguiendo la receta de la página 10. Mientras la mezcla está caliente, modela un óvalo de 10cm x 13cm. Colócalo sobre la superficie de trabajo y ruédalo hacia delante y hacia atrás hasta que uno de los lados se aplane levemente; esta parte será la cara de la muñeca.

4 Haz un agujero de 5cm de profundidad con una varilla en la base de la cabeza cuando la mezcla todavía está blanda. Retira la varilla y deja secar la pieza unos diez minutos.

5 Una vez que la cabeza ha adquirido consistencia, utiliza pasta de azúcar de color beis claro para rellenar cualquier hueco o imperfección con pegamento comestible. Si lo prefieres, puedes cubrir toda la cabeza con una capa de *ganache*. De esta forma conseguirás una superficie suave y lisa, perfecta para aplicar una cobertura de pasta de azúcar.

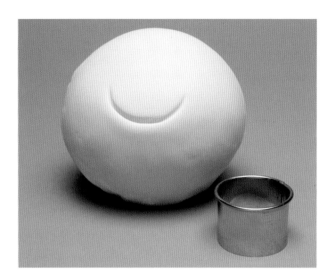

6 Sino has utilizado *ganache*, pincela pegamento comestible sobre la superficie de la cabeza. A continuación, extiende 175g de pasta de azúcar de color beis claro y cubre la cara y la mitad inferior de la cabeza. Para eliminar las marcas de los bordes, suaviza la pasta con las yemas de los dedos hasta conseguir una superficie nivelada. Pellizca ligeramente la base de la cara para dar forma a la barbilla y marca la sonrisa con un cortante redondo. Utiliza el mango de un pincel para marcar los hoyuelos a ambos lados de la sonrisa.

7 Modela un óvalo pequeño con los recortes sobrantes de pasta beis para hacer la nariz y otros dos óvalos negros aplanados para los ojos. Para dar expresividad a la mirada, marca un puntito en cada ojo con un pincel fino y colorante alimentario blanco. Para terminar, aplica un poco de colorante en polvo rosa con la yema de los dedos sobre las mejillas de la muñeca.

Cuerpo

8 Recorta la corteza de cada bizcocho y nivela su superficie. Corta una capa en cada uno de ellos y coloca el bizcocho con forma de semiesfera centrado sobre el bizcocho redondo. Para dar forma a los lados, recorta alrededor de los bizcochos para disimular la unión entre ambos. Corta también por la parte frontal para hacerla más plana que el resto.

9 Rellena cada capa y unta la superficie de la tarta con relleno para que la pasta de azúcar se adhiera mejor. Coloca el bizcocho hacia la parte trasera de la base para dejar espacio para el vestido y las piernas de la muñeca. Modela un rollo estrecho de 5cm de largo y pégalo en la parte frontal para simular la parte interior del vestido.

Piernas

10 Divide por la mitad 260g de pasta para modelar de color beis claro. Para hacer una pierna, modela un rollito con uno de los trozos y dobla un extremo para hacer el pie. Pellizca ligeramente esta parte

para estrecharla y dar forma al pie. Dibuja una línea alrededor del pie con un cuchillo y haz más marcas como si fueran pliegues de tela. Por último, pega las piernas sobre la base de la tarta, a ambos lados de la pasta blanca.

Vestido

11 Extiende 600g de pasta de azúcar rosa hasta crear una capa en forma de círculo de 30cm de diámetro. Suaviza los bordes con la yema de los dedos y ayúdate del rodillo para doblar la capa de pasta por la mitad y levantarla con cuidado. Cubre la tarta desde la parte de arriba y alisa la superficie del vestido dejando que se formen pliegues para imitar la textura de la tela.

Si el vestido se deforma o se estira demasiado, recorta el exceso de pasta con unas tijeras pequeñas.

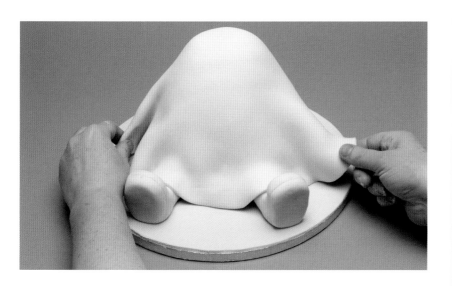

Brazos

12 Para que los brazos se sujeten bien, inserta una varilla de plástico a cada lado del cuerpo. Para elaborarlos utiliza la pasta beis sobrante y modela con ella un rollo grueso de 14cm de largo. Redondea ambos extremos y corta el rollo por la mitad. A continuación, humedece los palos de sujeción y el área donde se van a colocar los brazos con pegamento comestible e inserta los rollos. Sujétalos unos instantes hasta que queden asegurados. Marca una línea alrededor de los brazos al igual que se hizo anteriormente con los pies.

13 Divide por la mitad 60g de pasta de azúcar rosa y haz dos rollitos aplanados de 13cm cada uno. Pégalos alrededor de cada brazo a modo de mangas. Para el cuello del vestido, extiende la pasta rosa sobrante y corta un círculo de 8cm de diámetro. Corta una V en la parte frontal y redondea los bordes con los dedos. Coloca esta pieza encima de la tarta y asegúrala con un poco de pegamento comestible.

14 Extiende la pasta de color rosa oscuro y recorta un corazón grande. Pégalo en la parte frontal del vestido de la muñeca con un toque de pegamento comestible y utiliza la misma pasta para recortar pequeños círculos con ayuda de una boquilla nº18 para decorar la base de la tarta. Presiona cada círculo para integrarlos en la base.

15 Introduce una varilla por arriba y atraviesa toda la tarta, dejando que sobresalgan 5cm. Inserta la cabeza y fíjala con pegamento comestible.

Pelo

16 Extiende una capa fina de pasta de azúcar de color amarillo pálido y corta tiras de 1cm de ancho y de diferentes longitudes. Pégalas a la cabeza poco a poco, empezando por el centro hacia atrás. Cuando la cabeza esté cubierta por completo corta tiras más cortas para el flequillo y los lados.

muñequitas

Requisitos extra para cada muñeca:

Materiales comestibles

Cupcake

Un poco de relleno (consultar recetas en páginas 12-13)

Pasta de azúcar (*fondant*):

75g de color beis claro o marrón dorado (para la cabeza, brazos y piernas)

45g de color azul, rosa oscuro o rosa claro (para el vestido)

30g de color azul, rosa oscuro o rosa claro (para la base de cartón)

5g de color azul, rosa oscuro o rosa claro (para el corazón)

Herramientas

Base de cartón de 10cm de diámetro

Palos de piruleta

Cortante redondo de 2cm de diámetro

Cortante pequeño con forma de corazón

truco

Si prefieres usar menos pasta de azúcar para decorar estas muñecas, es recomendable hacer las cabezas con masa de arroz inflado y nubes o con trufa y cubrir posteriormente con una capa de pasta en lugar de modelar una bola.

1 Cubre una base de cartón de 10cm de diámetro con pasta de azúcar azul, rosa oscuro o claro.

2 Modela un óvalo para la cabeza con 60g de pasta. Si lo prefieres, puedes sustituir la pasta de azúcar por 30g de mezcla de trufa o 20g de masa de arroz inflado y nubes y una cobertura de pasta de color beis claro o marrón dorado. Utiliza un palo de piruleta para hacer un agujero por la base de la cabeza. Retira el palo y haz todos los detalles faciales siguiendo los pasos del proyecto principal.

3 Da la vuelta a la *cupcake*, recorta el borde y unta una capa fina de relleno. Como la *cupcake* es plana, coloca encima una bolita hecha con 5g de pasta de azúcar (de cualquier color). De esta forma se redondeará la parte superior y se conseguirá más altura.

4 Utiliza 10g de pasta para hacer las piernas siguiendo las mismas instrucciones que para la muñeca del proyecto principal. Pégalas en la parte delantera con un toque de pegamento comestible.

5 Mide la *cupcake* y extiende una capa de pasta para cubrirla. Decora el vestido como antes.

6 Modela los brazos con pasta de azúcar igual que para la muñeca grande. Divide 5g de la pasta del vestido por la mitad para hacer las mangas y utiliza otros 5g para el cuello. Para esta parte del vestido, utiliza un cortante redondo de 2cm de diámetro.

7 Termina las muñecas pegando el pelo como se ha hecho en el proyecto principal. Clava el palo de piruleta en el cuerpo e inserta la cabeza asegurando ambas partes con un poco de pegamento comestible.

truco

Si no dispones de mucho tiempo o tienes que hacer muchas muñecas, puedes hacer los pies de una forma más simple: modelando óvalos con 5g de pasta de colores a modo de zapatos. También puedes ahorrar tiempo a la hora de hacer el pelo colocando una espiral en la cabeza para crear un rizo de bebé.

el arca de noé

Este proyecto es una representación de la famosa escena bíblica en tonos pastel, decorada con varias parejas de graciosos animalitos. Una tarta perfecta para cualquier celebración infantil.

Materiales comestibles

Bizcocho redondo de 20cm de diámetro (consultar recetas en páginas 6 -9)

Bizcocho con forma de semiesfera de 20cm de diámetro (consultar recetas en páginas 6- 9)

2 bizcochos cuadrados de 10cm (consultar recetas en páginas 6-9)

685g de relleno para el interior y para sellar la miga (consultar recetas en páginas 12-13)

Pasta de azúcar (*fondant*):

    260g de color azul claro

    1.14kg de color amarillo limón claro

    60g de color blanco

Pasta para modelar:

    2g de color negro

    20g de color azul claro

    75g de color marrón claro

    145g de color marrón dorado claro

    340g de color gris claro

    110g de color rosa claro

    5g de color blanco

    145g de color amarillo

Pegamento comestible (consultar receta en página 15) (SK)

Herramientas

Equipo básico (consultar páginas 16-18)

Base de tarta redonda de 20cm de diámetro

2 bases finas redondas de cartón de 12cm y 18cm de diámetro

6 varillas de plástico o palos de sujeción aptos para uso alimentario

Cortante redondo de 3cm de diámetro

4 palos de piruleta

Palillos de madera

Tartas

1 Corta la corteza de los cuatro bizcochos y nivela la parte superior de cada uno. Coloca el bizcocho redondo encima del semiesférico y esculpe los laterales para que no se note la unión. Recorta el bizcocho superior hasta que quede un círculo de 18cm de diámetro. A continuación, corta los bizcochos en capas, rellénalos y devuélvelos a su posición original colocando el bizcocho redondo sobre una base fina de cartón pequeña.

2 Coloca el bizcocho semiesférico en el centro de la base. Inserta tres palos de sujeción centrados dentro de un círculo imaginario de 8cm de diámetro. Marca el lugar por donde sobresalen, retíralos y córtalos siguiendo la marca que esté más abajo. De esta manera, puedes colocar los pisos superiores de forma segura aunque la tarta no esté del todo nivelada. Una vez cortados, introduce de nuevo los palos en la tarta semiesférica y unta una capa de relleno por toda la superficie para sellar la miga y ayudar a que la pasta de azúcar se adhiera.

3 Extiende 125g de pasta de azúcar de color amarillo limón y cubre la base de cartón más grande. Recorta el exceso de pasta sobrante. Por otro lado, inserta palos de sujeción en el bizcocho redondo como hemos hecho anteriormente con el otro bizcocho. Los palos no deben estar separados más de 10cm entre ellos. A continuación, coloca la base de cartón cubierta encima de la tarta (si queda un espacio entre dicha base y el bizcocho, aplica un poco de relleno para que la superficie quede lisa).

4 Para hacer la caseta, coloca los dos bizcochos cuadrados de 10cm, uno encima de otro. Corta 1cm por uno de los lados para conseguir una forma más rectangular y esculpe el tejado en la parte superior. Corta el bizcocho en varias capas, rellénalas y devuelve el bizcocho a su posición original. Por último, sella la miga aplicando una capa de relleno por toda la superficie como hemos hecho anteriormente.

Arca

5 Extiende 340g de pasta de azúcar de color amarillo limón y corta un trozo de 30cm de largo y 2,5cm más alto que la tarta para cubrir un lado del arca. Para poder manipular esta porción de pasta sin que se deforme, espolvorea un poco de azúcar glas por encima y enróllala en forma de espiral. Coloca el rollo contra el lateral del bizcocho y comienza a desenrollar poco a poco hasta cubrir la mitad del arca. Haz lo mismo para cubrir el lado opuesto y alisa el punto de unión para que no se note. Utiliza un pulidor para eliminar cualquier imperfección. Frota ligeramente el borde superior con la yema de los dedos para ensancharlo; esto ayudará a fortalecer el contorno para que pueda sujetar las figuras de los animales.

6 Utiliza una regla para hacer líneas cada 2,5cm y un cuchillo para imitar el efecto de la madera y darle así un mayor realismo

al arca. Para cubrir los puntos de unión de la pasta, utiliza 50g de pasta de color amarillo limón para modelar dos rollos largos ligeramente aplanados. Riza el extremo más ancho y pégalos a la tarta en la parte delantera y trasera con un poco de pegamento comestible.

7 Extiende 260g de pasta de azúcar de color amarillo limón y cubre toda la caseta asegurándote que no queda ninguna imperfección en la superficie. Corta el exceso de pasta por la base y utiliza dos alisadores para hacer presión por cada lado y marcar bordes rectos en las esquinas. Dibuja líneas y simula el efecto de madera como en el paso anterior.

8 Utiliza un cortante redondo para las ventanas de la caseta (corta dos ventanas en cada uno de los lados más largos y una en los dos extremos). Extiende una porción de pasta de azúcar de color azul claro y recorta las ventanas con el mismo cortante redondo. Pégalas y asegura la caseta con una capa fina de relleno.

Tejado

9 Extiende 125g de pasta de azúcar de color azul claro y corta un rectángulo de 15cm x 13cm. Marca líneas ejerciendo presión con una regla. A continuación, humedece el tejado con pegamento

comestible y colócalo en su lugar. Si se deforma, utiliza el alisador.

10 Con el resto de pasta amarillo limón, extiende una capa de 3,5cm - 4cm de grosor y corta la casita para los pájaros, que deberá medir 5cm de ancho y 6cm de alto. Alisa la superficie y marca líneas como antes. Haz un corte en forma de V en la base para que encaje en el tejado y asegura la pieza con un poco de pegamento comestible. Marca dos agujeros con el mango de un pincel para hacer las ventanas y rellena los huecos con dos bolitas de pasta de azúcar de color azul claro. Por último, modela el tejado (5cm x 9cm) donde se colocarán los pájaros.

Mar

11 Reserva un poco de pasta de azúcar blanca y mezcla el resto con el sobrante de pasta azul clara. Amasa hasta conseguir un tono veteado, parecido al mármol. Humedece la base de la tarta y el arca con pegamento comestible. Coloca pequeñas porciones alrededor del arca y pellizca la pasta para dar forma a las olas. Recorta el exceso de pasta del borde de la base. Para conseguir el efecto de la espuma del mar, añade trocitos pequeños de pasta blanca en las zonas más elevadas e intégralas al resto de la cobertura.

Jirafas

12 Divide por la mitad 90g de pasta para modelar de color amarillo y haz dos lágrimas grandes para hacer los cuerpos. Humedece dos palos de piruleta con pegamento comestible e introdúcelos en el cuerpo por el extremo más delgado dejando que sobresalga una parte para poder insertar las cabezas.

13 Para las cabezas, divide por la mitad 45g de pasta de color amarillo y modela dos lágrimas redondeadas. Aplana el centro a la altura donde se van a colocar los ojos. Marca la sonrisa con un cortante redondo y utiliza el mango de un pincel para marcar los hoyuelos a ambos lados de la boca. Marca también las cavidades de los ojos, las de los cuernos y los agujeros de la nariz. Crea manchas de diferentes tamaños con pasta de color marrón dorado claro y sitúalas por la cabeza y la espalda de las dos jirafas.

14 Pega las cabezas a los cuerpos y asegura las dos figuras al arca. Añade dos cuernos pequeños y modela dos lágrimas para las orejas. Aplánalas para darles

forma con ayuda de un bolillo o una esteca en forma de hueso. Pégalas a ambos lados de la cabeza con el extremo en punta hacia fuera. Para terminar, añade dos óvalos pequeños de color blanco con dos puntos negros a modo de pupilas en las cavidades de los ojos y un rollito aplanado de pasta amarilla encima de cada ojo para hacer los párpados.

Hipopótamos

15 Divide por la mitad 45g de pasta para modelar de color gris claro y haz dos lágrimas para elaborar el cuerpo de los hipopótamos. Pégalos en el lugar que ocupan en el arca.

16 Para las cabezas, modela dos lágrimas de 35g de pasta rosa claro y córtales la punta. Haz una bola de 10g de pasta de color gris claro y córtala por la mitad para hacer la parte superior de las cabezas. Marca las cavidades de los ojos, la boca, los agujeros de la nariz y las orejas como antes, pero a estas últimas añádeles una porción pequeña de pasta rosa. Corta cuadraditos de pasta blanca a modo de

dientes y pégalos en la boca con un toque de pegamento comestible.

Leones

17 Para los cuerpos de los leones, divide por la mitad 35g de pasta para modelar de color marrón dorado claro y haz dos lágrimas.

18 Modela otra lágrima redondeada con 35g de pasta para las cabezas y aplana ligeramente el centro para marcar la zona de los ojos. Dibuja una línea desde la mitad de la cabeza hasta su parte inferior con el reverso de la hoja de un cuchillo y con un palillo, marca los bigotes a ambos lados. Incorpora los ojos como se ha hecho anteriormente.

19 Para las orejas, modela dos bolas del tamaño de un guisante y hazles un hueco en el centro con un bolillo o una esteca en forma de hueso. Pégalas en la parte superior de la cabeza. Añade las narices hechas con pasta de color rosa claro. Para la melena del león macho, modela un rollito de color marrón dorado y estréchalo

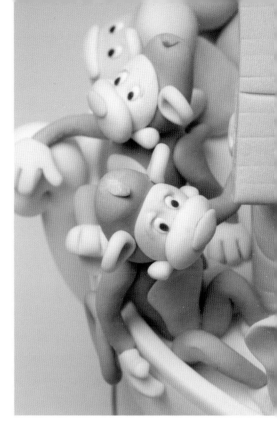

por los extremos. Pégalo alrededor de la cabeza y dale textura de pelo con el mango de un pincel.

20 Para las patas, divide por la mitad 20g de pasta para modelar de color marrón dorado y haz dos rollos redondeando uno de los extremos. Marca dos líneas en cada pata para dar forma a la zarpa con un cuchillo.

Osos

21 Modela los osos siguiendo los mismos pasos que para la leona, utilizando 20g de pasta para modelar de color gris claro para el cuerpo, 30g del mismo color para la cabeza y 5g para cada pata. Añade también una nariz rosa y los ojos como en el resto de los animales y colócalos en el arca al lado de la pareja de leones.

Monos

22 Para hacer los cuerpos de los monos, divide por la mitad 35g de pasta para modelar de color marrón claro y modela

dos lágrimas redondeadas. Para la tripa, modela una bola pequeña de pasta rosa, aplánala y pégala en la parte delantera del cuerpo. Por otro lado, humedece dos palos de piruleta e insértalos en el cuerpo, dejando que sobresalga una parte por arriba. Divide por la mitad 5g de pasta de color rosa claro y haz dos óvalos para el trasero. Pégalos en el cuerpo y haz una marca en el centro con un cuchillo.

23 Para las cabezas, divide por la mitad 15g de pasta de color marrón claro y modela dos lágrimas redondeadas. Pega un círculo aplanado de pasta rosa claro en el centro y marca las cavidades de los ojos en la mitad superior. Divide 5g de pasta rosa claro por la mitad para hacer los morros. Fíjalos a la cara con pegamento comestible y marca una línea en el centro con el reverso de la hoja de un cuchillo.

24 Modela dos rollitos con extremos redondeados para hacer las bocas. Dóblalos por la mitad y pégalos debajo de los morros. Añade dos orejas de pasta de color rosa claro. Haz los ojos y las pestañas como antes y termina la cabeza con una pequeña lágrima de pasta marrón

en la parte superior a modo de pelo y una nariz de color rosa oscuro.

25 Para hacer las piernas de los monos, divide 10g de pasta para modelar de color marrón claro en cuatro partes y haz con cada porción un rollo estrecho. Dobla cada rollo por la mitad. Para los pies, utiliza 5g de pasta rosa claro para hacer cuatro lágrimas redondeadas. Marca los dedos con el reverso de la hoja de un cuchillo y pégalos en posición con un poco de pegamento comestible asegurándote de que los pies quedan ligeramente doblados. Coloca también los cuerpos de los monos en su lugar.

26 Para hacer los brazos, utiliza 5g de pasta de color marrón claro y modela cuatro rollitos estrechos. Dóblalos ligeramente por la mitad para dar forma a los codos. Para las manos, divide 5g de pasta de color marrón claro en cuatro bolas y aplánalas ligeramente. Haz un corte a un lado para sacar el dedo pulgar y marca el resto de dedos. Separa el pulgar del resto de dedos y redondéalo para acabar de dar forma a la mano.

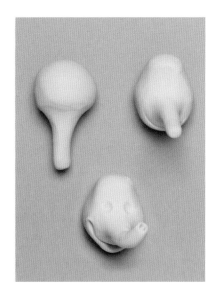

27 Modela el resto de pasta de color marrón claro en forma de dos rollos finos y largos y curva uno de los extremos para hacer las colas de los monos.

Elefantes

28 Modela dos bolas de 15g de pasta de color gris claro y colócalas en el Arca. Para hacer las cabezas, haz dos bolas de 45g y pellizca la pasta para dar forma a la trompa. Marca el final de ésta con el mango de un pincel y dibuja líneas para dar textura. Abre la boca y las cavidades de los ojos como has hecho con los otros animales. Marca también dos agujeros a los lados de la trompa del elefante macho para insertar más tarde los colmillos.

29 Divide 15g de pasta para modelar de color gris claro en tres trozos y modela con ellos las patas. Marca los extremos con el mango de un pincel y pégalas junto a los cuerpos de los elefantes en el arca (si hay espacio en el arca se pueden hacer las dos patas para cada elefante).

Haz los ojos como antes y añade dos lágrimas pequeñas de pasta blanca para los colmillos.

30 Divide 20g de pasta de color gris claro en cuatro partes y dales forma de lágrima para hacer las orejas. Aplánalas hasta que queden lo más lisas posible y pégalas a cada lado de la cabeza.

Pájaros

31 Divide por la mitad 10g de pasta de color azul claro y modela dos lágrimas. Haz pequeños cortes en la parte en punta como si fueran las plumas de la cola y pega estas piezas en el tejado de la caseta. Haz las alas y marca las plumas con el mango de un pincel. Modela otras dos lágrimas redondeadas para las cabezas y añade un trozo pequeño de pasta amarilla. Haz un corte con unas tijeras para abrir el pico.

32 Añade una lágrima amarilla aplanada en la zona de la tripa, un flequillo en la

parte superior de la cabeza y haz los ojos como en el resto de las figuras.

Peces

33 Con los restos de pasta gris claro, modela lágrimas para los cuerpos de los peces y hazles la cara como se ha hecho anteriormente. Para las aletas, aplana pequeñas lágrimas de pasta del mismo color. Por último, marca líneas con un palillo de madera en la superficie de ambos peces.

truco

Puedes disimular cualquier imperfección de la parte inferior del arca añadiendo un poco de espuma en las olas o simulando salpicaduras de agua.

mini arcas

Estas mini arcas están hechas a partir de una *cupcake* de tamaño standard.

Requisitos extra para cada arca:

Materiales comestibles

Cupcake

Un poco de relleno (consultar recetas en páginas 12-13)

Pasta de azúcar (*fondant*):

    100g de color azul claro

    10g de color rosa claro

Pasta para modelar:

    Un trozo pequeño de color negro

    Un trozo pequeño de color verde

    5g de color blanco

    Un trozo pequeño de color amarillo

1 Nivela la parte de arriba de la *cupcake*. Córtala por la mitad y aplica relleno. Esto hará que la altura aumente ligeramente. A continuación, pincela la superficie con un poco de mermelada templada o con relleno para que la pasta de azúcar se adhiera bien.

2 Cubre la parte de arriba de la mini tarta y luego los laterales dejando un poco de pasta por encima de la altura de la *cupcake* para hacer el borde del arca. Si tienes que hacer muchas mini tartas te resultará más cómodo cubrirlas de una

sola vez en lugar de hacerlo en dos partes como en el proyecto principal. Modela la caseta del arca como antes, haciendo un cuadrado de 2,5cm de lado y 4cm de alto.

3 Si quieres que los destinatarios de estas mini tartas guarden la caseta como recuerdo, puedes ubicar el pájaro encima. Para hacer esta figura, sigue las instrucciones del proyecto principal. Si lo prefieres, puedes elaborar una paloma con pasta para modelar blanca. También podrás añadirle una ramita verde en el pico para representar a la paloma de la paz.

mini tartas de animales

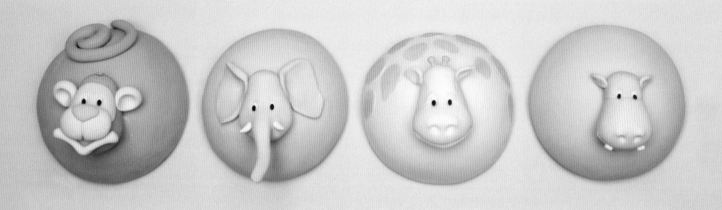

Estas mini tartas de animales son muy simples de hacer y además, son perfectas para invitar a los niños a participar en una fiesta. Si no tienes el molde de silicona también puedes utilizar un molde para helados de acero inoxidable o un bol de cristal apto para horno. Estos utensilios los podrás encontrar sin problemas en tiendas especializadas en productos de cocina o menaje del hogar.

Requisitos extra para cada mini tarta:

Materiales comestibles

Mini tarta de 7cm de diámetro horneada en un molde de silicona con forma semiesférica o en un bol

Un poco de relleno o mermelada (consultar recetas en páginas 12-13)

Pasta de azúcar (*fondant*):

    35g de un color a tu elección (dependiendo del animal)

Pasta para modelar:

    30g aproximadamente para cada cabeza (5g más para la cola del mono)

Herramientas

Base de cartón redonda de 7cm de diámetro o un círculo de papel para horno

1 Coloca el bizcocho en una base fina de cartón o en un círculo de papel para horno del mismo diámetro que el bizcocho. Cubre la superficie con un poco de relleno o de mermelada templada (la mermelada se extiende mejor) y a continuación, extiende la pasta de azúcar y cubre toda la superficie. Alisa la cobertura bien y elimina cualquier imperfección.

2 Corta el exceso de pasta con un cuchillo o métela por debajo para darle un aspecto más redondeado. Si tienes que cubrir muchos bizcochos, utiliza un cortante redondo del mismo tamaño que el bizcocho para cortar el exceso de pasta con mayor rapidez.

3 Modela la cabeza del animal elegido según las instrucciones de la tarta grande y pégala a la mini tarta con un poco de pegamento comestible.

plantillas

Boca

Bebés llorones

Puerta

Ventanas

Día de colada

Castillos de cuento

proveedores

Squires Kitchen

Squires Kitchen, España
+34 93 180 7382
cliente@squires-shop.es
www.squires-shop.es

Escuela Internacional de Squires
Kitchen
The Grange
Hones Yard
Farnham
Surrey
GU9 8BB
0845 61 71 812
+44 1252 260262
www.squires-school.co.uk

Squires Kitchen, Reino Unido
www.squires-shop.com

Squires Kitchen, Francia
www.squires-shop.fr

Squires Kitchen, Italia
www.squires-shop.it

Squires Kitchen, Alemania
www.squires-shop.de

Tiendas especializadas

Arje Cake Shop
www.arjecakeshop.com
Islas Canarias

CB Tea and Baking
www.teaandbaking.es
Islas Canarias

Chic Cookies
www.chic-cookies.es
Valencia

Decake
www.decake.es
Madrid

Decoración Pérez y Olivares
www.decoposl.com
Andalucía

Endulze
www.endulze.com
Galicia y Navarra

For the Cake
www.forthecakes.com
Cataluña

Mis Galletas y Otras Cosas
www.misgalletasyotrascosas.com
Galicia

My Lovely Food
www.mylovelyfood.com
Cataluña

Taller de Tartas
www.tallerdetartas.com
Madrid

Distribuidores SK

Reino Unido

Guy Paul & Co. Ltd.
Buckinghamshire
www.guypaul.co.uk

Culpitt Ltd.
Northumberland
www.culpitt.com

Fabricantes

Smeg Ltd.
www.smeg.es
www.smeg50style.com/es

El fabricante italiano Smeg
produce electrodomésticos
distintivos que combinan diseño,
rendimiento y calidad.

Debbie Brown Ltd.

debra.brown@btinternet.com
www.debbiebrownscakes.co.uk